Gary Chapman

W0178763

Checkliste für Ja-Sager

12 Tipps für eine gute Ehe

francke

Über den Autor:

Gary Chapman ist zwar im Pensionsalter, will aber nichts von Ruhestand wissen. Er lebt mit seiner Frau Karolyn in North Carolina, arbeitet als Seelsorger seiner Gemeinde, hält Ehe-Seminare und ist Autor zahlreicher Bücher. Mit seinem Buch „Die 5 Sprachen der Liebe" hat er einen neuen Schlüssel zur Kommunikation gefunden.

Bibliografische Information Der Deutschen Bibliothek
Die Deutsche Bibliothek verzeichnet diese Publikation in der Deutschen Nationalbibliografie; detaillierte bibliografische Daten sind im Internet über http://dnb.ddb.de abrufbar.

2. Auflage 2017
ISBN 978-3-86827-279-6
Alle Rechte vorbehalten
This book was first published in the United States by Northfield Publishing, 820 N. LaSalle Blvd., Chicago, IL 60610 with the title
Things I Wish I'd Known Before We Got Married
copyright © 2010 by Gary Chapman.
Translated by permission.
© der deutschsprachigen Ausgabe
2011 by Verlag der Francke-Buchhandlung GmbH
35037 Marburg an der Lahn
Deutsch von Brigitte Hahn
Umschlagbild: © iStockphoto.com / youngID
Umschlaggestaltung: Verlag der Francke-Buchhandlung GmbH / Sven Gerhardt
Satz: Verlag der Francke-Buchhandlung GmbH
Printed in Czech Republic

www.francke-buch.de

Inhaltsverzeichnis

Einleitung

Bis zum Vordiplom war Anthropologie mein Hauptfach. Später machte ich in diesem Fach einen Magisterabschluss. Seit mehr als vier Jahrzehnten beschäftige ich mich inzwischen mit dem Studium verschiedener Kulturen. Dabei bin ich zu einer entscheidenden Schlussfolgerung gekommen: Die Ehe zwischen einem Mann und einer Frau bildet die Grundlage für alle menschlichen Gesellschaftssysteme. Wenn Kinder zu Erwachsenen werden, entschließen sich viele von ihnen zu heiraten. In den USA werden jedes Jahr etwa zwei Millionen neue Ehen geschlossen, in Deutschland liegt die Zahl bei ca. 380.000. Das bedeutet, dass etwa vier Millionen Amerikaner beim Standesamt oder vor dem Traualtar die entscheidende Frage mit „Ja" beantworten. Die meisten dieser frischgebackenen Ehepaare möchten glücklich und zufrieden leben bis an ihr Lebensende. Schließlich heiratet man ja nicht, um unglücklich zu sein oder um seinen Ehepartner zu betrügen. Trotzdem wissen wir alle, dass sich die Scheidungsrate in der westlichen Welt um die fünfzig Prozent herum bewegt und die meisten Scheidungen in den ersten sieben Jahren einer Ehe stattfinden.

Wenn zwei Menschen heiraten, haben sie im Allgemeinen nicht vor, sich wieder scheiden zu lassen. Eine Scheidung ist eine Folge mangelnder Vorbereitung auf die Ehe und der fehlenden Bereitschaft zu lernen, wie man in einer engen Beziehung partnerschaftlich zusammenarbeitet. Es ist schon eine gewisse Ironie, dass wir in allen anderen Lebensbereichen die Notwendigkeit des Weiterlernens erkennen, aber in der Ehe nicht. Die meisten Menschen investieren weitaus mehr Zeit für die Vorbereitung auf ihr Berufsleben als für die Vorbereitung auf die Ehe. Deshalb sollte es uns nicht überraschen, dass sie im Beruf erfolgreicher sind als in der Gestaltung einer glücklichen Ehe.

Der Entschluss zu heiraten hat auf das Leben eines Menschen einen stärkeren Einfluss als fast alle weiteren Entscheidungen, die er im Laufe seines Lebens trifft. Trotzdem stürzen sich die Leute weiter in die Ehe, ohne große Vorbereitungen für das Zusammenleben mit ihrem Partner zu treffen. Viele Paare planen ihre Hochzeit mit größerer Sorgfalt als ihre Ehe. Dabei dauert eine Hochzeitsfeier nur wenige Stunden, während die Ehe jedoch (so hoffen wir zumindest) eine längere Lebensdauer hat.

Dieses Buch ist keine Anleitung für die Planung einer Hochzeit, sondern es gibt Hilfe und Unterstützung für die Gestaltung einer Ehe. Ich habe in den letzten fünfunddreißig Jahren meines Lebens in der Seelsorge mit Paaren gearbeitet, deren Träume vom ehelichen Glück an so alltäglichen Dingen wie schmutzigem Geschirr, unbezahlten Rechnungen, unvereinbaren Arbeitszeiten und brüllenden Babys gescheitert sind. Nach harter Arbeit und vielen Monaten der seelsorgerlichen Beratung haben es viele dieser Paare geschafft, eine gute Ehe zu führen. Für diese Erfolge bin ich dankbar.

Ich bin jedoch fest davon überzeugt, dass diese Kämpfe vermeidbar gewesen wären, wenn das Paar sich mehr Zeit für eine sorgfältige Vorbereitung auf die Ehe genommen hätte. Deshalb schreibe ich dieses Buch. Ich hoffe, dass meine Leser und Leserinnen aus den Fehlern der anderen Ehepaare lernen. Das ist weitaus angenehmer und weniger schmerzhaft, als wenn man aus den eigenen Fehlern lernen muss.

Ihr Hochzeitstag ist erst der Anfang!

Ich wünsche Ihnen, die Sie dieses Buch lesen, eine so liebevolle, für beide Partner wohltuende Ehe, wie Sie es sich erträumen. Ich kann Ihnen jedoch versichern, dass diese Art von Zweierbeziehung nicht einfach dadurch entsteht, dass Sie nur vor den Traualtar treten. Vielmehr müssen Sie sich Zeit nehmen, die erprobten Orientierungshilfen für eine gute Ehe zu entdecken und zu praktizieren.

Für die Leser oder Leserinnen, die momentan allein leben und keine Aussicht auf eine baldige Hochzeit haben, zeigt das Buch, wie der Übergang vom Singledasein in das Eheleben gelingt. Befreundeten, aber noch nicht verlobten Paaren soll das Buch als Entscheidungshilfe dienen, wie sie die Zukunft ihrer Beziehung gestalten können. Paare, die bereits verlobt sind, erfahren etwas über die Grundlagen und Tipps für den Aufbau einer erfolgreichen Ehe.

Wenn ich auf die ersten Jahre meiner eigenen Ehe zurückblicke, wünsche ich mir, dass mir jemand das gesagt hätte, was Sie in diesem Buch nachlesen können. Ich glaube, dass ich diesem Jemand genau zugehört hätte. Allerdings war meiner Generation der Gedanke an eine Vorbereitung auf die Ehe fremd. Deshalb hoffe ich, dass meine offenen und ehrlichen Schilderungen meiner eigenen Erfahrungen manchen von Ihnen jenen Schmerz und jene Enttäuschung ersparen, die Karolyn und ich durchleben mussten.

Dieses Buch sollte man nicht nur lesen, sondern an sich selbst ausprobieren. Je mehr Sie sich mit den auf den folgenden Seiten behandelten Themen auseinandersetzen und offen und ehrlich darüber reden, was Sie dabei denken und empfinden, je mehr Sie die Meinungen Ihres Partners oder Ihrer Partnerin respektieren und gute Lösungen für Ihre Meinungsverschiedenheiten finden, desto besser sind Sie auf die Ehe vorbereitet. Wenn Sie aber meinen, die in diesem Buch erwähnten Probleme gingen Sie nichts an, weil die überschwänglichen Gefühle, die Sie füreinander empfinden, Ihnen über alle Unterschiede hinweghelfen, steht Ihre Ehe auf wackeligen Füßen. Es ist mein Wunsch, dass Sie sich auf Ihre Ehe vorbereiten, als ob es sich dabei um die wichtigste zwischenmenschliche Beziehung Ihres Lebens handelt. Wenn Sie diesem Ziel Ihre ganze Aufmerksamkeit widmen, werden Sie erleben, wie sich Ihre Träume von einer glücklichen Ehe erfüllen werden. Denn denken Sie daran: Ihr Hochzeitstag ist erst der Anfang!

Gary Chapman

KAPITEL 1

Wenn ich das vorher gewusst hätte …

Verliebtheit allein genügt nicht für eine gute Ehe

Es hätte mir klar sein müssen, aber das war nicht der Fall. Ich hatte noch nie ein Buch über die Ehe gelesen. Deshalb kannte ich die Wirklichkeit nicht. Ich wusste bloß, dass ich für Karolyn mehr empfand als für jede andere junge Frau. Wenn wir uns küssten, war ich im siebten Himmel. Wenn ich sie nach einer längeren Zeit der Trennung wieder sah, bekam ich vor Freude eine Gänsehaut. Mir gefiel alles an dieser Frau – ihr Aussehen, ihre Art zu sprechen, ihr Lachen. Besonders fasziniert war ich von ihren schönen braunen Augen. Ich mochte sogar ihre Mutter und half ihr, das Haus zu renovieren. Ich hätte alles getan, um dieser jungen Frau zu zeigen, wie sehr ich sie liebte. Für mich war sie das wunderbarste Geschöpf, dem ich jemals begegnet war. Ich glaube, Karolyn hatte ähnliche Gefühle, wenn sie an mich dachte.

In unserem Gefühlsrausch nahmen wir uns fest vor, bis ans Ende unseres Lebens miteinander glücklich zu sein. Aber es dauerte nach unserer Hochzeit nur sechs Monate, bis wir so todunglücklich waren, wie wir es uns niemals vorgestellt hatten. Die Euphorie war verflogen. An ihre Stelle waren verletzte Gefühle getreten, Wut, Enttäuschung und Bitterkeit. Als wir uns ineinander verliebten, hatten wir an so etwas nicht im Traum gedacht. Wir waren felsenfest davon überzeugt, dass unsere Verliebtheit ein ganzes Leben lang halten würde.

In den letzten dreißig Jahren habe ich mit vielen Hundert jungen Paaren vor ihrer Hochzeit Gespräche geführt. Dabei habe ich herausgefunden, dass die meisten von ihnen die gleiche beschränkte Sichtweise über die Liebe hatten wie meine Frau und ich damals. In unserem ersten Gespräch stelle ich den Paaren oft die Frage: „Warum wollen Sie heiraten?" Ihre Antworten fallen zwar unterschiedlich aus, aber immer nennen sie mir den einen „wahren Grund", und dieser Grund ist fast immer derselbe: „Weil wir uns lieben." Meine nächste Frage klingt ein wenig unfair. „Was meinen Sie damit?" Die meisten Paare sind perplex, wenn sie das hören. Dann beschreiben sie, was sie füreinander empfinden. Dieses besondere Gefühl habe schon so manches überdauert, und es sei so ganz anders als das, was sie in früheren Beziehungen erlebt hätten. Oft sehen sie sich an, dann schauen sie mit einem verlegenen Lachen zur Zimmerdecke. Schließlich sagt einer von ihnen: „Ach ja … nun, Sie wissen schon." In der jetzigen Phase meines Lebens weiß ich es tatsächlich, aber ich bezweifle, dass diese jungen Leute es wissen. Ich fürchte, sie haben die gleiche naive Vorstellung von der Liebe wie Karolyn und ich, als wir damals heirateten. Aber heute weiß ich, dass dieser euphorische Zustand der Verliebtheit kein sicheres Fundament für eine gute Ehe ist.

Es ist schon eine Weile her, als mich ein junger Mann anrief. Er fragte mich, ob ich seine Trauung leiten könnte. Ich wollte von ihm wissen, wann er denn heiraten wollte. Da erfuhr ich, dass die Hochzeit schon in knapp einer Woche stattfinden sollte. Ich erklärte dem jungen Mann, dass ich mit einem verlobten Paar vor der Hochzeit normalerweise sechs bis acht Gespräche führen würde. Seine Erwiderung darauf war ein echter Klassiker. „Also, um ganz ehrlich zu sein: Ich glaube nicht, dass wir eine Beratung brauchen. Wir lieben uns doch. Deshalb kann ich mir nicht vorstellen, dass wir Probleme miteinander haben." Ich musste lächeln, aber gleichzeitig war mir zum Weinen zumute. Mein Gesprächspartner war ein weiteres Opfer dieser falschen Vorstellung von der Liebe.

> Dieser euphorische Zustand der Verliebtheit ist kein sicheres Fundament für eine gute Ehe.

Wir sprechen oft davon, dass sich jemand „Hals über Kopf" verliebt hat. Wenn ich diese Worte höre, dann muss ich daran denken, wie man im Dschungel Tiere jagt. Auf dem Weg zur Wasserstelle gräbt man ein Loch, das dann mit Zweigen und Blättern getarnt wird. Das arme Tier kommt angerannt. Es ist mit sich selbst und seinem Durst beschäftigt. Plötzlich fällt es in das Loch und ist gefangen. So ähnlich stellen wir es uns vor, wenn wir von der großen Liebe sprechen. Wir gehen unseren alltäglichen Pflichten nach. Plötzlich blicken wir auf, und da ist der oder die Eine. Wir fühlen uns wie vom Blitz getroffen und verlieben uns Hals über Kopf. Wir sind diesem Gefühl gegenüber machtlos, und wir haben nur noch einen Gedanken: Wir sind füreinander bestimmt. Je eher wir heiraten, desto besser. Wir reden mit unseren Freunden und Bekannten über unsere Gefühle. Weil sie genauso denken wie wir, wenn es um die Liebe geht, stimmen sie uns zu. Sie meinen, es sei Zeit für die Hochzeit, wenn wir uns wirklich lieben.

Oft lassen wir völlig außer Acht, dass unsere gesellschaftlichen, religiösen und geistigen Interessen Lichtjahre voneinander entfernt sind. Unsere Wertvorstellungen und Lebensträume widersprechen einander, aber schließlich lieben wir uns ja. Die tragische Folge dieser irrigen Vorstellung von der Liebe ist diese: Ein Jahr nach der Hochzeit sitzt das Ehepaar im Büro des Seelsorgers. „Wir lieben uns nicht mehr", sagen beide. Deshalb wollen sie sich trennen. Denn wenn die „Liebe" nicht mehr vorhanden ist, „können wir doch nicht mehr zusammenleben".

Das berühmte „Prickeln"

Die oben geschilderten Gefühle nenne ich nicht „Liebe". Ich nenne diese Erfahrung „das Prickeln". Es beginnt, wenn wir für einen Angehörigen des anderen Geschlechts plötzlich diese warmen, überschäumenden Gefühle empfinden, die wie Schmetterlinge in unserem Bauch flattern. Dieses „Prickeln" veranlasst uns, mit dem Objekt unserer Zuneigung ein Eis essen zu gehen. Manchmal hört das Prickeln schon bei der ersten Verabredung auf. Wir erfahren oder bemerken etwas, das uns an unserem Gegenüber stört, und schon ist es vorbei mit den schönen Gefühlen. Die nächste Einladung zum Eisessen schlagen wir aus. In anderen Beziehungen geschieht jedoch das Gegenteil. Je öfter wir zusammen sind, desto stärker wird das Prickeln. Schon bald denken wir Tag und Nacht an den anderen oder die andere. Alle unsere Gedanken kreisen um den Mann oder die Frau unserer Träume. Für uns ist dieser Mensch die wunderbarste, aufregendste Person, die wir jemals kennengelernt haben. Wir suchen jede Gelegenheit zum Zusammensein, ja, wir träumen davon, mit dem oder der anderen zusammen alt zu werden und uns gegenseitig glücklich zu machen.

Bitte verstehen Sie mich jetzt nicht falsch. Dieses „Prickeln" ist wichtig. Es ist eine reale Erfahrung, und ich wünsche es allen Paaren, dass es die erste Zeit einer Beziehung überlebt. Aber es ist keine Basis für eine glückliche, stabile Ehe. Ich möchte einem Paar nicht empfehlen zu heiraten, wenn es dieses Prickeln nicht spürt. Dieses warme Gefühl der Begeisterung, die Gänsehaut, die über den Rücken läuft, dieses Gefühl, vom anderen voll und ganz verstanden zu werden; die Berührung, die einem vorkommt wie ein Stromschlag – das alles ist das berühmte Sahnehäubchen auf dem Kaffee. Aber ein Sahnehäubchen *ohne* Kaffee ist ein bisschen zu wenig. Die vielen anderen Faktoren, die wir in diesem Buch ansprechen, sind wichtige Bestandteile einer Entscheidung für oder gegen die Ehe.

Verliebtheit ist ein Gefühl, das bis hin zur Besessenheit gehen kann. Aber Gefühle verändern sich, und auch die Verliebtheit lässt nach. Forschungsergebnissen zufolge beträgt die durchschnittliche Lebensdauer dieser überirdischen Glücksgefühle von Verliebten zwei Jahre.[1] Bei manchen kann dieser Zustand ein bisschen länger anhalten, bei anderen ist er vielleicht kürzer. Aber der Zeitraum von zwei Jahren ist ein Durchschnittswert. Dann erwachen wir aus unserem Gefühlsrausch, und diejenigen Lebensbereiche, die wir in unserer Euphorie übersehen haben, gewinnen an Bedeutung. Unsere Unterschiede beginnen sich bemerkbar zu machen. Oft ertappen wir uns dabei, wie wir uns streiten – mit dem Menschen, den wir einst für vollkommen gehalten haben. Jetzt erst entdecken wir, dass Verliebtheit kein ausreichendes Fundament für eine glückliche Ehe ist.

> Gefühle verändern sich, und auch die Verliebtheit lässt nach.

Denjenigen unter meinen Lesern und Leserinnen, die momentan einen Freund bzw. eine Freundin haben und eine Heirat ernsthaft überlegen, empfehle ich den Anhang zu diesem Buch. Meiner Meinung nach besteht das Hauptziel einer Freundschaft zwischen Mann und Frau darin, sich besser kennenzulernen und festzustellen, ob die intellektuellen, gefühlsmäßigen, gesellschaftlichen, religiösen und körperlichen Voraussetzungen für eine spätere Ehe vorhanden sind. Erst nach dieser Phase der Prüfung können Sie eine Entscheidung für oder gegen die Ehe mit diesem Partner treffen. Die auf den Anhang folgenden praktischen Übungen können Ihnen in den Gesprächen über eine eventuelle Ehe als Orientierungshilfe dienen.

GESPRÄCHSSTOFF

 1. Denken Sie sich eine Skala von 0 bis 10. Wie stark bewerten Sie das „Prickeln", das Sie für Ihren Freund/Ihre
Freundin empfinden?

 2. Die durchschnittliche Lebenserwartung des „Prickelns"
beträgt zwei Jahre. Wie viel länger werden Ihrer Meinung
nach Ihre euphorischen Gefühle anhalten?

 3. Haben Sie sich schon Gedanken darüber gemacht, ob Sie
und Ihr Partner/Ihre Partnerin in folgenden Bereichen
zusammenpassen:

- die Fähigkeit, Gefühle auszudrücken und zu beherrschen
- gemeinsame Interessen
- Einigkeit in Glaubensfragen
- gemeinsame Wertvorstellungen
- die Fähigkeit, sachliche Gespräche zu führen, Unterschiede zu erkennen und Kompromisse zu finden

 4. Wenn Sie die Übereinstimmung auf diesen Gebieten
genauer überprüfen wollen, helfen Ihnen die Fragen im
Anhang weiter.

KAPITEL 2

Wenn ich das vorher gewusst hätte …

Es gibt zwei Phasen der Liebe

Im Flughafen von Chicago begegnete ich Janet. Die junge Frau war auf dem Weg zu ihrem Verlobten, den sie übers Wochenende besuchen wollte. Als sie mich fragte, wohin ich denn wollte, antwortete ich: „Ich fliege nach Milwaukee. Dort leite ich morgen ein Eheseminar."

„Was machen Sie denn bei so einem Eheseminar?", wollte Janet wissen.

„Ich versuche, den Teilnehmern praktische Ratschläge zu geben, wie sie an ihrer Ehe arbeiten können", erwiderte ich.

Sie warf mir einen erstaunten Blick zu, und dann fragte sie: „Wieso muss man an einer Ehe arbeiten? Genügt es nicht, wenn man sich liebt?"

> Wieso muss man an einer Ehe arbeiten? Genügt es nicht, wenn man sich liebt?

Ich wusste, dass die junge Frau es ehrlich meinte. Schließlich hatte ich genau die gleiche Auffassung gehabt, bevor ich heiratete.

Weil wir beide noch genug Zeit bis zu unseren Anschlussflügen hatten, erklärte ich ihr in aller Ruhe, dass romantische Liebe in zwei Phasen verläuft. In der ersten Phase muss man sich nicht groß anstrengen. Wir werden angetrieben von euphorischen Gefühlen (die ich im vorherigen Kapitel geschildert habe). Wir bezeichnen diese Phase im Allgemeinen als „Verliebtheit". Wenn wir verliebt sind, tun wir fast alles füreinander, ohne groß darüber nachzudenken, welchen Preis es uns kostet oder welche Opfer wir dafür bringen. Wir fahren ohne Weiteres über tausend Kilometer oder fliegen quer durch das ganze Land, um mit dem Partner oder der Partnerin ein gemeinsames Wochenende zu verbringen. Janet nickte zustimmend. Der Mensch, den wir lieben, scheint keine Fehler zu haben – zumindest in unseren Augen. Ich fügte rasch hinzu: „Na ja, Ihre Mutter hat dazu bestimmt eine ganz andere Meinung. Vielleicht sagt sie: ‚Mein Schatz, hast du dir auch gut überlegt, ob …‘"

Janet musste lächeln. „Ja, so etwas Ähnliches habe ich mir auch anhören müssen."

In dieser Phase der romantischen Liebe braucht das Paar an seiner Beziehung nicht zu arbeiten. Beide wenden möglicherweise viel Kraft auf, um für den anderen etwas zu tun, aber diese Anstrengung kommt ihnen nicht wie Arbeit vor. Sie würden dafür wohl eher das Wort *Freude* verwenden, weil sie begeistert sind, wenn sie für ihren Partner etwas tun können. Schließlich wollen sie sich gegenseitig glücklich machen, und oft geschieht das ja auch. Wie ich bereits im ersten Kapitel angedeutet habe, beträgt die durchschnittliche Lebensdauer dieser ersten Phase zwei Jahre. Wir verharren nicht für immer in den euphorischen Gefilden der Liebe. Das ist aber auch gut so, denn es ist schwierig, sich auf etwas anderes zu konzentrieren, wenn man verliebt ist. Wenn Sie sich während Ihres Studiums verlieben, kann es passieren, dass Ihre Leistungen stark nachlassen. Morgen schreiben Sie vielleicht eine Klausur über den Britisch-Amerikanischen Krieg von 1812. Aber wer interessiert sich schon für die Ereignisse aus dem Jahr 1812, wenn man verliebt ist? Die Inhalte Ihres Studiums werden völlig nebensächlich. Schließlich wollen Sie mit Ihrem Partner oder Ihrer Partnerin zusammen sein. Wir alle kennen Menschen, die ihr Studium lieber abbrechen und heiraten, weil die geliebte Partnerin oder der Partner wegziehen will und sie meinen, ohne den anderen nicht leben zu können.

Wenn sich dieses unlogische Verhalten in der ersten Liebes-Euphorie über die nächsten zwanzig Jahre erstrecken würde, könnten wohl nur wenige von uns eine vernünftige Ausbildung machen und berufliche Ziele erreichen. Wir würden uns auch nicht besonders für ehrenamtliche Tätigkeiten oder humanitäre Projekte engagieren. Wenn wir verliebt sind, existiert die Welt um uns herum nicht. Wir konzentrieren uns voll und ganz auf das Zusammensein mit der geliebten Person und darauf, wie wir gemeinsam glücklich werden.

> Die zweite Phase der romantischen Liebe ist viel stärker von bewusstem Handeln geprägt als die erste.

Vor meiner Heirat hatte mir niemand gesagt, dass die romantische Liebe in zwei Phasen verläuft. Mir war bloß eines klar: Ich war in Karolyn verliebt, und ich wollte bis ans Ende meines Lebens diese Gefühle für sie empfinden. Sie machte mich glücklich, und ich tat dasselbe für sie. Doch auf meinen emotionalen Höhenflug folgte die Ernüchterung. Ich erinnerte mich an die warnenden Worte meiner Mutter, und mir ging immer wieder derselbe Gedanke im Kopf herum: „Ich habe doch nicht die Richtige geheiratet." Meine Schlussfolgerung lautete: Wenn ich die Richtige geheiratet hätte, wären meine Gefühle nicht schon so bald nach der Hochzeit abgekühlt. Diese schmerzlichen Gedanken konnte ich nur schwer aus dem Kopf bekommen. *Die Unterschiede zwischen uns sind doch größer, als ich dachte. Warum ist mir das nicht schon eher aufgefallen?*

Die zweite Phase der Liebe

Ich wünschte, es hätte mir damals jemand gesagt, dass meine Gedanken und Gefühle ganz normal waren, weil es zwei Phasen der Liebe gibt und ich mich im Übergang von der ersten zur zweiten Phase befand. Leider gab es niemanden, der mich darüber informiert hätte. Wenn ich damals schon das gewusst hätte, was ich Ihnen jetzt weitergeben kann, wären mir jahrelange Ehekonflikte erspart geblieben. Ich habe erkannt, dass die zweite Phase der romantischen Liebe viel stärker von bewusstem Handeln geprägt ist als die erste. Und natürlich erfordert es Arbeit, die Gefühle am Leben zu erhalten. Diejenigen, die sich die Mühe machen, den Übergang von Phase eins zu Phase zwei zu schaffen, werden jedoch merken, dass sich ihre Anstrengung lohnt.

Nachdem ich anfing, als Eheberater zu arbeiten, machte ich nach und nach eine wichtige Entdeckung: Wenn sich eine Person durch ein bestimmtes Verhalten geliebt fühlt, gilt das noch lange nicht für eine andere Person. Wenn Ehepaare nach ihrem emotionalen Höheflug der Verliebtheit auf dem Boden der Realität landen, geht es häufig schief, wenn sie dem anderen ihre Liebe zeigen wollen. So beklagt sich die Ehefrau: „Ich glaube, mein Mann liebt mich nicht mehr."

Aber er sagt: „Das verstehe ich nicht. Ich arbeite hart. Ich sorge dafür, dass das Auto immer sauber ist. Jedes Wochenende mähe ich den Rasen. Ich helfe ihr im Haushalt. Ich weiß nicht, was sie sonst noch will."

Darauf erwidert sie: „Klar macht er sehr viel. Er ist wirklich fleißig." Mit Tränen in den Augen fügt sie hinzu: „Aber nie reden wir miteinander."

Woche für Woche hörte ich ähnliche Klagen. Daraufhin sah ich mir die Notizen an, die ich mir während der Gespräche mit Ehepaaren gemacht hatte. Dabei stellte ich mir folgende Fragen: „Wenn jemand sagt: ‚Ich glaube, mein Ehepartner liebt mich nicht mehr‘, wonach sucht der oder die Betreffende dann? Was wünscht sich ein solcher Mensch? Worüber beschwert er sich?" Die Beschwerdegründe ließen sich in fünf Kategorien einteilen. Später habe ich diese Kategorien als „Die fünf Sprachen der Liebe" bezeichnet.

Die Dynamik des Verhaltens ist ganz ähnlich wie beim Sprechen. Jeder von uns wächst mit einer bestimmten sprachlichen Variante, einem Dialekt, auf. Bei mir war das zum Beispiel Englisch mit einem starken Südstaaten-Akzent. So haben wir alle eine Sprache und einen Dialekt, die wir am besten verstehen. Genauso ist es mit der Liebe. Jeder von uns hat eine ursprüngliche Liebessprache, die unsere Gefühle tiefer anrührt als die anderen vier. Nach dieser Erkenntnis machte ich eine weitere wichtige Entdeckung: Eheleute haben nur selten dieselbe Liebessprache. Von Natur aus neigen wir dazu, unsere eigene Sprache zu sprechen. Wir geben das an unseren Partner oder unsere Partnerin weiter, was uns selbst das Gefühl vermittelt, geliebt zu werden. Aber wenn unser Partner oder unsere Partnerin nicht dieselbe Liebessprache spricht wie wir, kommt es zu Missverständnissen. In dem oben angeführten Beispiel spricht der Ehemann die Sprache *Hilfsbereitschaft*. Er wäscht das Auto, mäht den Rasen und hilft seiner Frau im Haushalt. Das ist seine Art, seine Liebe auszudrücken. Aber die Liebessprache seiner Frau ist Zweisamkeit. Deshalb sagt sie: „Aber nie reden wir miteinander." Sie fühlt sich geliebt, wenn er ihr seine volle Aufmerksamkeit schenkt, mit ihr spricht, sie an seinem Leben teilhaben lässt, ihr zuhört und mit ihr kommuniziert. Er ist aufrichtig mit seinen Liebesbeweisen, aber sie spricht eine andere Liebessprache.

Das Buch, das aus dieser Forschungsarbeit entstanden ist, trägt den Titel *Die fünf Sprachen der Liebe. Wie Kommunikation in der Ehe gelingt.* Das englische Original hat eine Auflage von etwa sechs Millionen erreicht und es wurde bisher in fünfunddreißig Sprachen übersetzt. Dieses Buch hat Millionen Ehepaaren geholfen, miteinander zu kommunizieren und ihre Liebe zueinander am Leben zu erhalten. Ihnen ist der Übergang von Phase eins zu Phase zwei gelungen. Sie haben gelernt, ihre Liebe richtig auszudrücken.

Ich möchte an dieser Stelle die fünf Sprachen der Liebe kurz zusammenfassen.

1. Lob und Anerkennung

Bei dieser Liebessprache spielen Worte die wichtigste Rolle. „Ich bin dir so dankbar, dass du immer das Auto auf Hochglanz bringst. Es sieht prima aus." – „Danke, dass du den Abfall raus bringst. Du bist echt der Größte." – „Du siehst umwerfend aus in diesem Kleid." – „Ich bewundere deinen Optimismus." – „Es ist toll, wie sehr du deiner Mutter geholfen hast." – „Dein Lächeln ist ansteckend. Hast du gemerkt, wie positiv alle reagiert haben, als du den Raum betreten hast?" So oder ähnlich klingen aufbauende Worte. Sie können sich auf die Persönlichkeit des Partners oder der Partnerin beziehen, auf das Aussehen oder auf etwas, was er oder sie für Sie oder andere Menschen getan hat. Wenn Sie diese Sprache sprechen wollen, achten Sie auf Dinge, die Sie an Ihrem Partner oder Ihrer Partnerin bewundern oder besonders schätzen. Dann drücken Sie Ihre Bewunderung mit Worten aus. Wenn die ursprüngliche Liebessprache Ihres Partners oder Ihrer Partnerin Lob und Anerkennung lautet, werden Ihre Worte wie ein sanfter Regen empfunden, der auf trockene Erde fällt. Nichts kann Ihrer Liebe mehr Ausdruck verleihen als aufbauende Worte.

2. Hilfsbereitschaft

Für diese Menschen zählen Taten mehr als Worte. Wenn Sie gegenüber einer solchen Person Lob und Anerkennung ausdrücken, z. B.: „Ich bewundere dich, ich schätze dich, ich liebe dich so sehr", wird er oder sie denken oder vielleicht sogar sagen: „Wenn du mich wirklich liebst, warum hilfst du mir dann nicht im Haus oder im Garten?" Wenn ihre ursprüngliche Liebessprache *Hilfsbereitschaft* heißt, dann fühlen sie sich so richtig geliebt, wenn man das Auto wäscht, den Rasen mäht, im Haushalt hilft und dem Baby die Windeln wechselt. Der Schlüssel zum Liebesbeweis für einen solchen Menschen besteht darin, herauszufinden, was Sie für ihn oder sie tun können. Und dann halten Sie sich konsequent an die Sprache *Hilfsbereitschaft*.

3. Geschenke

Manche Menschen fühlen sich am stärksten geliebt, wenn sie ein Geschenk erhalten. Das Geschenk vermittelt ihnen das Gefühl, dass jemand an sie denkt. „Schau mal, was er mir geschenkt hat." Die besten Geschenke sind natürlich diejenigen, die Ihr Partner oder Ihre Partnerin wirklich zu schätzen weiß. Wenn Sie ihr eine Angelrute schenken, obwohl sie keinen Spaß am Angeln hat, drücken Sie damit nicht unbedingt Ihre Liebe aus. Doch wie finden Sie heraus, über welche Geschenke sich Ihr Partner oder Ihre Partnerin am meisten freut? Stellen Sie Fragen und machen Sie Ihre Beobachtungen. Achten Sie auf die Bemerkungen Ihres Partners oder Ihrer Partnerin, wenn er oder sie Geschenke von anderen bekommt. Hören Sie gut zu, und dann entdecken Sie schon bald, worüber sich der Beschenkte am meisten freut. Merken Sie sich auch die Kommentare, die Ihre Partnerin macht, wenn sie einen Katalog betrachtet. Machen Sie sich eine kurze Notiz, wenn sie sagt: „So was würde mir auch gefallen." Sie können natürlich auch den direkten Weg wählen und Ihren Partner oder Ihre Partnerin bitten: „Gib mir doch eine Wunschliste, damit ich weiß, über welches Geschenk du dich freuen würdest." Es ist besser, sich nach den Wünschen des anderen zu richten, als ihn mit einem unerwünschten Geschenk zu überraschen. Ein Geschenk muss nicht unbedingt teuer sein. Eine Rose, eine kleine Pralinenschachtel, ein Buch – für die Person, deren Liebessprache *Geschenke* lautet, sind sorgfältig ausgewählte Kleinigkeiten ein Ausdruck von Liebe.

4. Zweisamkeit

Wenn Sie Zeit miteinander verbringen, sollten Sie Ihrem Partner oder Ihrer Partnerin Ihre volle Aufmerksamkeit schenken. Echte Zweisamkeit findet nicht statt, wenn Sie in einem Zimmer nebeneinander sitzen und fernsehen, denn dann können Sie sich einander nicht widmen. Sie sollten vielmehr zusammen in einem Zimmer sitzen, den Fernseher ausschalten, Zeitungen und Bücher weglegen, sich in die Augen sehen, miteinander reden und zuhören. Natürlich können Sie auch einen Spaziergang machen, aber Ihr wichtigstes Ziel sollte darin bestehen, miteinander zu reden und nicht, sich bloß Bewegung zu verschaffen. Paare, die ein Restaurant besuchen und sich dann schweigend gegenübersitzen, sprechen nicht die Liebessprache *Zweisamkeit*, sondern befriedigen bloß ihre kulinarischen Bedürfnisse. Zweisamkeit bedeutet: „Ich mache das, weil ich mit dir zusammen sein will." Es spielt keine Rolle, ob Sie gemeinsam einen Garten anlegen oder einen Campingurlaub machen. Ihr vorrangiges Ziel sollte es sein, miteinander Zeit zu verbringen. Manche Menschen fühlen sich bei intensiv erlebter Zweisamkeit am meisten geliebt.

5. Zärtlichkeit

Wir wissen schon lange um die große Macht zärtlicher Berührungen. Forschungsergebnisse belegen, dass Babys, die berührt und liebevoll behandelt werden, ein gesünderes Gefühlsleben haben als Babys, die nur wenig Körperkontakt bekommen. In jedem Kulturkreis gibt es angemessene und unangemessene Formen des Körperkontakts. Eine angemessene Berührung ist liebevoll, eine unangemessene Berührung dagegen ist für den anderen entwürdigend. Für einen Menschen, dessen hauptsächliche Liebessprache der *Zärtlichkeit* ist, sind liebevolle Berührungen ein tiefer Ausdruck von Liebe.

So finden Sie Ihre persönliche Liebessprache

Es gibt drei Methoden, die Ihnen dabei helfen, Ihre eigene, ursprüngliche Liebessprache zu finden. Erstens: *Beobachten Sie Ihr Verhalten.* Wie drücken Sie normalerweise anderen Menschen gegenüber Ihre Liebe und Wertschätzung aus? Wenn Sie anderen häufig auf die Schulter klopfen oder sie mit Umarmungen begrüßen, dann ist *Zärtlichkeit* Ihre eigene Liebessprache. Wenn Sie andere Menschen gerne und oft mit Worten aufmuntern, dann könnte Ihre eigene Sprache der Liebe *Lob und Anerkennung* heißen. Wenn Sie es lieben, andere Menschen zu beschenken, dann wünschen Sie sich vielleicht auch *Geschenke,* als Ausdruck von Liebe und Wertschätzung. Wenn Sie ein zuvorkommender Mensch sind, könnte Ihre Liebessprache *Hilfsbereitschaft* heißen. Die Sprache, die Sie sprechen, ist mit höchster Wahrscheinlichkeit auch die Sprache, die Sie „hören" möchten.

Zweitens: *Worüber beschweren Sie sich?* Was ist Ihr häufigster Grund zur Klage in Bezug auf andere? Wenn Sie sich oft beklagen, dass Ihre Mitmenschen Ihnen nicht helfen, dann lautet Ihre Liebessprache höchstwahrscheinlich *Hilfsbereitschaft.* Wenn Sie zu einer Freundin oder einem Bekannten sagen: „Wir haben nie Zeit füreinander", dann verlangt es Sie nach *Zweisamkeit.* Wenn Ihr Mann auf Geschäftsreise war und Sie ihn fragen: „Hast du mir nichts mitgebracht?", dann zeigen Sie mit dieser Frage, dass Ihre wichtigste Liebessprache *Geschenke* lautet. Wenn Sie sagen: „Du nimmst mich nie in den Arm. Ich muss dich immer darum bitten", dann äußern Sie damit, dass Ihre Sprache der Liebe *Zärtlichkeit* ist. Wenn Ihre Beschwerde lautet: „Ich mache dir nie etwas recht", dann fühlen Sie sich geliebt, wenn jemand Ihnen gegenüber Lob und Anerkennung äußert. Ihre Klagen lassen erkennen, was Sie sich von Ihren Mitmenschen am meisten wünschen.

Drittens: *Worum bitten Sie am häufigsten?* Wenn Ihr Mann zu einer Geschäftsreise aufbricht und Sie sagen: „Bring mir eine kleine Überraschung mit", dann geben Sie ihm mit diesen Worten einen Hinweis, dass *Geschenke* Ihnen viel bedeuten. Wenn Sie sagen: „Können wir heute Abend einen Spaziergang machen?", dann wünschen Sie sich *Zweisamkeit.* Wenn Sie Ihre Partnerin um eine sanfte Rückenmassage bitten, zeigen Sie mit dieser Bitte, dass *Zärtlichkeit* Ihre wichtigste Liebessprache ist. Wenn Sie andere Leute häufig um Hilfe bitten, lautet Ihre Sprache der Liebe wohl *Hilfsbereitschaft.* Wenn Sie fragen: „Habe ich das nicht gut gemacht?", dann erhoffen Sie sich von Ihrem Gegenüber *Lob und Anerkennung.*

Achten Sie darauf, wie Sie anderen gegenüber am häufigsten Ihre Liebe und Wertschätzung ausdrücken, und machen Sie eine Liste mit Ihren Klagen und Bitten. Dann können Sie feststellen, wie Ihre eigene Sprache der Liebe lautet. Bitten Sie Ihren Partner oder Ihre Partnerin darum, ebenfalls diese drei Fragen zu beantworten, um seine oder ihre Liebessprache zu entdecken. Wenn Sie sich genauer über *Die fünf Sprachen der Liebe* informieren möchten, können Sie auch auf der Seite www.diefuenfsprachen-derliebe.de vorbeischauen.

> Die gute Nachricht: Alle fünf Sprachen der Liebe können erlernt werden.

Natürlich macht es Mühe, wenn Sie lernen wollen, eine andere Sprache der Liebe als Ihre eigene zu sprechen. Wenn jemand in seiner Kindheit kaum ermutigende Worte gehört hat, wird es ihm schwerfallen, diese auszusprechen. Wenn jemand in einer Familie aufgewachsen ist, in der Berührungen und Körperkontakt nicht üblich waren, wird er die Sprache der Zärtlichkeit lernen müssen. Aber ich habe eine gute Nachricht für Sie: Alle fünf Sprachen der Liebe können erlernt werden. Je öfter Sie diese Sprachen sprechen, desto leichter werden sie Ihnen fallen.

Die Liebessprache meiner Frau lautet Hilfsbereitschaft. Deshalb bearbeite ich unsere Fußböden mit dem Staubsauger, spüle das Geschirr und bringe den Abfall zum Mülleimer. Mit diesen kleinen Hilfsaktionen erhalte ich unsere Liebe am Leben. Meine Sprache der Liebe dagegen lautet Lob und Anerkennung. Deshalb verlasse ich nie das Haus, ohne dass meine Frau mir etwas Positives sagt. Ich kann guten Gewissens behaupten, dass unsere Liebe zueinander heute tiefer ist als in jener ersten Zeit der euphorischen Gefühle. Wenn man in einer Ehe die Liebe am Leben erhalten will, muss man den Übergang von Phase eins zu Phase zwei schaffen. Lernen Sie Ihre wichtigsten Liebessprachen bereits in der Zeit Ihrer Freundschaft vor der Ehe, denn dann fällt Ihnen der Übergang viel leichter. Das wünsche ich Ihnen von ganzem Herzen.

GESPRÄCHSSTOFF

 1. Was halten Sie für Ihre wichtigste Liebessprache? Warum?

 2. Wenn Sie gerade eine feste Beziehung haben, was ist Ihrer Meinung nach die wichtigste Liebessprache Ihres Partners/Ihrer Partnerin?

 3. Besprechen Sie miteinander, wie die in diesem Kapitel vermittelten Erkenntnisse Ihre Beziehung bereichern können.

 4. Wenn Sie *Die fünf Sprachen der Liebe für Singles* noch nicht gelesen haben, sollten Sie dieses Buch zur gemeinsamen Lektüre machen und darüber sprechen, welche Wirkung es auf alle Ihre zwischenmenschlichen Beziehungen haben könnte.

KAPITEL 3

Wenn ich das vorher gewusst hätte ...

„Der Apfel fällt nicht weit vom Stamm"
ist kein Gerücht

Ich will zwar nicht behaupten, dass die junge Frau, die Sie heiraten wollen, genauso werden *muss* wie ihre Mutter oder Ihr Verlobter genauso sein *wird* wie sein Vater. Aber eins ist sicher: Der Einfluss der Eltern ist nicht zu unterschätzen. Wenn Ihr Partner einen Vater hat, der autoritär ist und verletzende Worte gebraucht, dann seien Sie nicht überrascht, wenn der Sohn zehn Jahre später ein ähnliches Verhalten an den Tag legt. Forschungsergebnissen zufolge sind Männer, die zu Aggression und Gewalt neigen, als Kinder fast immer geschlagen oder auf andere Art misshandelt worden.[1]

Jetzt fragen Sie vielleicht: „Aber können wir nicht aus den Fehlern unserer Eltern lernen und unser eigenes Verhalten ändern?" Die Antwort lautet: „Ja, aber die Betonung liegt auf dem Wort *lernen*."

Wenn der Sohn eines gewalttätigen Vaters keine konkreten Schritte unternimmt, um die Ursachen dieses Verhaltens zu ergründen und den Teufelskreis der Gewalt zu durchbrechen, ist die Wahrscheinlichkeit groß, dass er sich genauso verhalten wird wie sein Vater.

Wenn die Mutter einer jungen Frau Alkoholikerin ist, dann wissen wir aus statistischen Erhebungen, dass auch die Tochter zum Alkoholmissbrauch neigen kann.[2] Sie ist jedoch nicht vom Schicksal zur Alkoholikerin bestimmt. Wenn sie sich darum bemüht, die Problematik des Alkoholismus zu verstehen, und es lernt, konstruktivere Arten des Umgangs mit Stress und Enttäuschungen zu finden, kann sie ebenfalls diese Mutter-Tochter-Kette unterbrechen. Für Paare, in deren Elterngeneration solche oder ähnliche Probleme vorhanden sind, sollte es daher Pflicht sein, an einem Kurs über die Thematik teilzunehmen, Bücher zu lesen, mit Seelsorgern zu sprechen und sich über das Gelernte auszutauschen. Bitte kehren Sie diese Probleme nicht unter den Teppich.

Auch was das Aussehen betrifft, könnten in einigen Jahren erstaunliche Ähnlichkeiten auftreten. Wenn sich bei seinem Vater das Stirnhaar lichtet, könnte auch der Sohn zwei Jahrzehnte später eine Halbglatze haben. Wenn die Mutter eine aktive, energiegeladene Person ist, kann die Tochter ihr auch darin ähnlich sein.

Kürzlich machten meine Frau und ich zusammen mit unserer Tochter Shelley, ihrem Mann John und unseren beiden Enkeln eine Woche Urlaub am Meer. Am Morgen des ersten Urlaubstags machten wir uns nach dem Frühstück mit unserem Sonnenschirm ausgestattet auf den Weg zum Strand. Unser Schwiegersohn kniete sich hin und bohrte ein Loch in den Sand, damit wir unseren Schirm aufstellen konnten. Mit einem Lächeln auf den Lippen tauchte unsere Tochter eine Hand in einen Wassereimer. Dann spritzte sie ihrem Mann das kalte Wasser auf den Rücken. Ich sagte zu ihr: „Du bestätigst gerade die Ausführungen in meinem Buch. ,Der Apfel fällt nicht weit vom Stamm.' Deine Mutter spielt auch gerne solche Streiche." Später, als John aufstand, um im Lebensmittelladen ein paar Einkäufe zu erledigen, sagte Shelley zu uns: „Er ist wirklich ein wunderbarer Ehemann." John konnte diese Worte noch hören. Ihre Mutter sagt bei jeder sich bietenden Gelegenheit genau das Gleiche über mich. Obwohl ich mir nicht sicher bin, ob das tatsächlich stimmt, muss ich zugeben, dass ich diese Worte gerne höre. Ich glaube, meinem Schwiegersohn geht es ähnlich.

> Die meisten von uns sind ihren Eltern ähnlicher, als sie es wahrhaben wollen.

Ob wir nun über positive oder negative Eigenschaften sprechen – die meisten von uns sind ihren Eltern ähnlicher, als sie es wahrhaben wollen. Ich denke da an den jungen Ehemann, der zu mir sagte: „Ich weiß, dass ihre Mutter sich nie geschminkt hat. Sie war ein Produkt der ‚Hippie-Generation'. Aber ich habe mir nie vorstellen können, dass Julia sich plötzlich auch nicht mehr schminkt. Solange ich sie kenne, hat sie immer ein dezentes Make-up benutzt. Wir haben nie darüber gesprochen, als wir befreundet waren, weil ich nicht geglaubt habe, dass so etwas zu einem Problem werden kann. Aber jetzt haben wir diese langen Diskussionen über die Vor- und Nachteile des Schminkens. Ich glaube nicht, dass ich mich mit meinen Ansichten durchsetzen kann."

Auch in der Art, wie wir kommunizieren, neigen wir zur Ähnlichkeit mit unseren Eltern. Wenn Sie zum Beispiel merken, dass die Mutter Ihrer Partnerin ihren Vater im Gespräch häufig unterbricht und ihn korrigiert:

> „Ihre Mutter redet ständig. In ihrer Gegenwart fühle ich mich wie gefangen."

„Nein, das war nicht am Dienstag. Das war am Mittwoch" oder: „Das war nicht 2005, sondern 2006", dann können Sie von ihrer Tochter das Gleiche erwarten. Vielleicht haben Sie bereits dieses Verhalten bemerkt, wenn Sie mit ihr oder anderen sprechen. Wenn Sie sich darüber ärgern, dann wäre jetzt der richtige Zeitpunkt, dieses Problem anzusprechen. Denn wenn dieses Verhaltensmuster nicht vor der Ehe korrigiert wird, wird es sich nicht automatisch ändern, sobald Sie verheiratet sind.

Ein junger Mann sagte zu mir: „Ich stehe Todesängste aus, wenn ich bei Annies Eltern bin. Ihre Mutter redet ständig, ohne Punkt und Komma. Sie erzählt gern diese ausschweifenden Geschichten, mit allen Einzelheiten. In ihrer Gegenwart fühle ich mich wie gefangen. Ich habe noch nicht einmal die Gelegenheit, aus dem Zimmer zu gehen, um mir ein Glas Wasser zu holen. Bei Annie ist es zwar nicht ganz so schlimm, aber ich habe trotzdem Angst, dass sie genauso wird wie ihre Mutter. Ich glaube nicht, dass ich so was auf Dauer ertragen könnte." Ich freute mich darüber, dass er diese Sorge äußerte, bevor die beiden verheiratet waren. Allerdings schien Annie nicht so recht zu verstehen, was ihren Freund wirklich störte. Deshalb schlug ich den beiden vor, dass er beim nächsten Besuch bei seinen künftigen Schwiegereltern das Gespräch dreißig Minuten lang aufnehmen sollte.

Später, als Annie das aufgezeichnete Gespräch hörte, erkannte sie, dass ihre Mutter nur selten Fragen stellte. Und wenn sie das tat, dann ließ sie ihrem Gesprächspartner nur wenige Sekunden Zeit für eine Antwort, bevor sie ihren Redefluss wieder aufnahm. Jetzt wurde Annie klar, dass dieses Sprechverhalten auf andere nicht nur abstoßend wirkte, sondern auch einen echten Dialog im Keim erstickte.

Weil wir bei unseren Eltern aufgewachsen sind, merken wir nicht, wie ungesund manche Kommunikationsmuster sein können. Ihr

Verhalten erscheint uns als etwas ganz Normales. Häufig kann erst jemand, der nicht zur Familie gehört, uns auf ein bestimmtes Kommunikationsmuster aufmerksam machen und uns helfen zu verstehen, warum dieses Muster korrigiert werden muss. Weil wir von unseren Eltern beeinflusst werden, ist die Wahrscheinlichkeit groß, dass wir uns ihre Art der Kommunikation zu eigen machen. Die gute Nachricht lautet jedoch: Mann kann es korrigieren. Der richtige Zeitpunkt für diese Veränderung ist vor der Hochzeit.

Wenn Sie beobachten, dass sich die Eltern Ihres Partners streiten und sein Vater schließlich wortlos weggeht, ohne auf die Argumente seiner Frau einzugehen, können Sie ziemlich sicher sein, dass Ihr Partner nach der Hochzeit bei einem Streit genauso reagiert. Es sei denn, er liest dieses Buch und Sie beide finden eine gesündere Art, Ihre Konflikte zu lösen.

Achten Sie auch darauf, welche Höflichkeiten die Elternpaare miteinander austauschen. Öffnet der Vater Ihrer Partnerin ihrer Mutter die Autotür und hilft ihr beim Aussteigen? Wenn ja, erwartet Ihre Partnerin so etwas auch von Ihnen. Nimmt der Vater Ihres Partners seine Kappe ab, wenn er das Haus betritt? Wenn nicht, wird sein Sohn sich genauso verhalten. Hören Sie, wie die Mutter Ihrer Partnerin für ihren Vater antwortet, bevor er die Gelegenheit hat, überhaupt den Mund aufzumachen? Wenn ja, dann können Sie von ihrer Tochter das gleiche Verhalten erwarten. Sucht der Vater Ihres Partners zu seiner Frau den Augenkontakt, wenn er mit ihr spricht, oder heftet er seinen Blick auf den Fernseher, ohne auf ihre Bemerkungen zu reagieren? Je nachdem, wie er sich verhält, wird sich sein Sohn wohl ähnlich verhalten. Nörgelt die Mutter Ihrer Partnerin ständig herum, dass ihr Vater doch endlich die Garage aufräumen oder irgendeine andere Aufgabe erledigen soll? Wenn das der Fall ist, können Sie von ihrer Tochter Ähnliches erwarten.

> Suchen Sie den Kontakt zu den Eltern des jeweils anderen, damit sie deren Persönlichkeiten, Kommunikationsmuster und Wertvorstellungen kennenlernen.

Ist der Vater Ihres Partners ein stiller, zurückhaltender Mensch, oder ist er laut und nimmt kein Blatt vor den Mund? Ist die Mutter Ihrer Partnerin sehr selbstständig, trifft sie Entscheidungen, ohne mit ihrem Mann vorher alles zu besprechen? Legt ihre Mutter viel Wert auf gutes

Essen? Sorgt sein Vater dafür, dass das Auto immer sauber ist? Geht ihre Mutter in der Hausfrauenrolle auf oder ist sie berufstätig? Hat sein Vater ein eigenes Unternehmen oder arbeitete er für eine Firma? Mäht sein Vater den Rasen oder bezahlt er jemanden für diese Arbeit? Hat ihre Mutter eine Menge Sammel- und Fotoalben? Engagiert sich ihre Mutter in der Kirchengemeinde? Ist sein Vater auch in der Gemeinde aktiv?

Die Antworten auf diese Fragen zeigen Ihnen, was Sie zu erwarten haben, wenn Sie Ihren jetzigen Freund oder Ihre jetzige Freundin heiraten. Wenn manche dieser Antworten Sie beunruhigen, ist jetzt der richtige Zeitpunkt, offen darüber zu reden. Die Lösung kann so aussehen, dass Sie sich mit bestimmten Charakterzügen abfinden oder aber Veränderungen vereinbaren.

In unserer Gesellschaft geschieht es häufig, dass miteinander befreundete Paare nur wenig Zeit mit ihren jeweiligen Eltern verbringen. Sie treten vor den Traualtar, ohne sich vorher bewusst gemacht zu haben, mit welcher elterlichen Prägung ihr Partner oder ihre Partnerin aufgewachsen ist. Selbst wenn Paare mit den künftigen Schwiegereltern Zeit verbringen, beobachten sie nicht ihr Verhalten und ihre Kommunikationsmuster. Vielleicht drücken sie ihre Wertschätzung aus über die positiven Dinge, die ihnen auffallen, aber sie neigen dazu, negative Sprach- oder Verhaltensmuster zu übersehen, weil sie sich nicht vorstellen können, dass ihr Partner oder ihre Partnerin diese Verhaltensweisen übernehmen. In Wirklichkeit jedoch ist die Wahrscheinlichkeit groß, dass sie sich diese Verhaltensweisen zu eigen machen, wenn nicht ganz bewusst darauf geachtet wird und konkrete Schritte unternommen werden, um negativer Prägung entgegenzuwirken.

Deshalb mache ich jungen Paaren immer wieder Mut, den Kontakt zu den Eltern des jeweils anderen zu suchen, damit sie deren Persönlichkeiten, Kommunikationsmuster und Wertvorstellungen kennenlernen und beobachten können, wie die Eltern miteinander umgehen. Denn ihr Vorbild hat prägenden Einfluss auf die Person, die Sie eventuell heiraten wollen. Wenn Sie Dinge bemerken, die Sie beunruhigen, dann sollten Sie mit Ihrem Partner oder Ihrer Partnerin über alles sprechen. Wenn Sie ernsthafte Bedenken haben, sollten Sie besprechen, welche Schritte Sie unternehmen müssen, damit sich der alte Spruch „Der Apfel fällt nicht weit vom Stamm" in Ihrer Beziehung nicht bewahrheitet wird.

GESPRÄCHSSTOFF

Für ihn:

1. Schreiben Sie die Eigenschaften auf, die Sie an Ihrem Vater mögen. Dann erstellen Sie eine weitere Liste mit den aus Ihrer Sicht negativen Charakterzügen Ihres Vaters. Wenn Ihre Partnerin genügend Zeit mit Ihrem Vater verbracht hat, bitten Sie sie, ähnliche Listen über ihre eigenen Beobachtungen anzufertigen.

2. Verwenden Sie diese Listen als Grundlage für ein Gespräch, in dem Sie abklären, auf welchen Gebieten Sie sich von Ihrem Vater unterscheiden wollen.

3. Welche konkreten Schritte wollen Sie unternehmen, um die nötigen Veränderungen herbeizuführen?

Für sie:

1. Schreiben Sie die Eigenschaften auf, die Sie an Ihrer Mutter mögen. Dann erstellen Sie eine weitere Liste mit den aus Ihrer Sicht negativen Charakterzügen Ihrer Mutter. Wenn Ihr Partner genügend Zeit mit Ihrer Mutter verbracht hat, bitten Sie ihn, ähnliche Listen über seine eigenen Beobachtungen anzufertigen.

2. Verwenden Sie diese Listen als Grundlage für ein Gespräch, in dem Sie abklären, auf welchen Gebieten Sie sich von Ihrer Mutter unterscheiden wollen.

3. Welche konkreten Schritte wollen Sie unternehmen, um die nötigen Veränderungen herbeizuführen?

Kapitel 4

Wenn ich das vorher gewusst hätte …

Konflikte lassen sich ohne Streit lösen

Bevor wir verheiratet waren, kam es mir nie in den Sinn, dass wir jemals größere Meinungsverschiedenheiten haben könnten. Wir passten doch so gut zusammen. Ich war bereit, Karolyn jeden Wunsch zu erfüllen, und sie schien auch meinen Vorschlägen bereitwillig zu folgen. Ich fühlte mich auch deswegen so stark zu ihr hingezogen. Nie hätte ich gedacht, dass wir uns irgendwann einmal streiten würden.

Unsere Auseinandersetzungen begannen jedoch schon in den Flitterwochen und erstreckten sich über die ersten Ehejahre. Mir war es schleierhaft, dass sie so unlogisch dachte, und ihr war es ein Rätsel, dass ich so hart und fordernd sein konnte. Ich wollte eigentlich nicht hart sein, aber ich wusste doch, dass meine Idee besser war als ihre. Warum sah sie das nicht ein? Natürlich dachte sie genauso über ihre eigenen Ideen. Niemand hatte uns gesagt, dass Auseinandersetzungen in jeder Ehe etwas ganz Normales sind. Es gibt kein Ehepaar, das solche Konflikte nicht erlebt, und das hat einen ganz einfachen Grund: Jeder von uns ist eine eigenständige Persönlichkeit, und deshalb haben wir unterschiedliche Wünsche, unterschiedliche Vorlieben und Abneigungen. Jeder von uns ärgert oder freut sich über unterschiedliche Dinge. Ich entdeckte zum Beispiel, dass Karolyn gerne vor dem Fernseher saß. Für mich dagegen war Fernsehen eine Zeitverschwendung. Warum konnte man nicht ein gutes Buch lesen und etwas Vernünftiges daraus lernen? „Was kann man schon lernen, wenn man vor dem Fernseher hockt?" Das war meine Meinung über das Fernsehen. Sie argumentierte, dass sie vor dem Fernseher am besten entspannte und dass man von bestimmten Fernsehsendungen durchaus eine Menge lernen könnte.

Also wurde das Fernsehen in unserer Ehe zu einem „Reizthema", das gelegentlich einen heftigen Streit auslöste. Im Laufe der Jahre entdeckten wir viele solcher Reizthemen. Unsere Ehe entwickelte sich zu einer fortlaufenden Serie von lauten Wortgefechten.

In jenen Jahren verfolgte mich ein Gedanke: „Ich habe die Falsche geheiratet. Wenn ich die richtige Frau geheiratet hätte, würden wir uns nicht so oft streiten." Bestimmt hatte Karolyn oft ähnliche Gedanken.

> Wir alle halten unsere eigenen Ideen für die besten und wollen nicht wahrhaben, dass unsere Ehepartner dieselbe Meinung von ihren Ideen haben.

In Gesprächen mit älteren Ehepaaren entdeckten wir später, dass es in jeder Ehe Auseinandersetzungen gibt. Manche Ehepaare lernen, wie man solche Konflikte auf ruhige Art löst, während andere sich auf hitzige Streitereien verlegen. Wir gehörten eindeutig zur zweiten Kategorie.

In den letzten drei Jahrzehnten haben andere Ehepaare bei mir in der Eheberatung gesessen und mir erzählt, wie frustriert sie sind, weil ihre Ehe geprägt ist von Streit und Auseinandersetzungen, ähnlich dem, was Karolyn und ich ebenfalls erlebten. Zum Glück habe ich vielen Paaren helfen können, einen besseren Weg zu finden. In diesem Kapitel möchte ich Sie mit den Gedanken und Einsichten vertraut machen, die ich diesen Paaren weitergeben konnte.

Erstens müssen wir uns bewusst machen, dass es in Ihrer Ehe zu Auseinandersetzungen kommen wird. Solche Konflikte sind kein Zeichen dafür, dass Sie den Falschen oder die Falsche geheiratet haben, sondern sie sind eine Bestätigung dafür, dass Sie auch nur Menschen sind. Wir alle halten unsere eigenen Ideen für die besten und wollen nicht wahrhaben, dass unsere Ehepartner dieselbe Meinung von ihren Ideen haben. Die Logik des anderen stimmt nicht mit Ihrer eigenen überein, und auch die Gefühle des Partners spiegeln nicht unbedingt Ihre eigenen wider. Unsere Vorstellungen und Wahrnehmungen der Dinge um uns herum sind geprägt von unserer persönlichen Entwicklung, unseren Wertvorstellungen und unserer Persönlichkeit. Diese Faktoren sind bei jedem von uns unterschiedlich.

Manche unserer Auseinandersetzungen drehen sich um wichtige Probleme, manche um weniger wichtige. Der Streit über die Art, wie man einen Geschirrspüler einräumt, gehört zur Kategorie der weniger wichtigen Auseinandersetzungen. Der Konflikt wegen der Frage, ob man Kinder haben möchte oder nicht, gehört eindeutig zur Kategorie der wichtigen Probleme. Ob wichtig oder weniger wichtig – alle Auseinandersetzungen bergen in sich das Potenzial, einen gemeinsamen Abend zu verderben, eine Woche, einen Monat oder einen ganzen Lebensabschnitt. Andererseits können Auseinandersetzungen uns aber auch lehren, wie wir einander lieben, unterstützen und Mut machen können. Dieser Weg ist um Welten besser. Der Unterschied besteht darin, wie wir die Konflikte verarbeiten.

Sobald Sie erkannt haben, dass Auseinandersetzungen unvermeidlich sind, brauchen Sie einen vernünftigen Plan für das Verarbeiten Ihrer Konflikte. Ein solcher Plan beginnt mit der Erkenntnis, dass Sie einander zuhören müssen. Wenn wir Meinungsverschiedenheiten austragen, haben die meisten von uns das Bedürfnis zu reden, aber Reden ohne Zuhören führt zu handfestem Streit. Deshalb ist Zuhören so wichtig. Ich erinnere mich noch an die Ehefrau, die zu mir sagte: „Bei unserem ersten Gespräch haben Sie mir mit Ihrer Idee von der ‚Zeit zum Zuhören' am meisten geholfen. Vorher habe ich immer zu meinem Mann gesagt: ‚Wir müssen reden.' Dieser Satz hat ihn immer genervt. Jetzt sage ich zu ihm: ‚Bitte gib mir sobald wie möglich ein bisschen Zeit, damit ich dir zuhören kann.' Er wartet nicht lange, bevor er erwidert: ‚Ach so, du willst hören, was ich zu sagen habe, stimmt's?' – ‚Ja', antworte ich, und dann vereinbaren wir eine Zeit zum Zuhören. Wenn man den anderen um eine Zeit zum Zuhören bittet, schafft man gleich eine ganz andere Atmosphäre."

„Und wie beginnt Ihre Zeit zum Zuhören?", fragte ich die Frau.

„Meistens sagt er: ‚Du willst also zuhören? Worum geht es eigentlich?' Dann antworte ich: ‚Heute geht es um die Frage, wie wir Weihnachten gestalten wollen' oder irgendeine andere Sache, die zu Meinungsverschiedenheiten führen kann. Wir haben vereinbart, dass wir bei jeder Zeit zum Zuhören nur über ein bestimmtes Thema reden. Er erzählt mir, was er zu Weihnachten machen möchte, und ich versuche, nicht nur seine Vorschläge zu verstehen, sondern auch, warum er diese Vorschläge macht und wie wichtig sie ihm sind. Deshalb stelle ich ihm viele Fragen ‚Willst du die Weihnachtsfeiertage bei deinen Eltern verbringen, weil dein Vater Krebs hat und das vielleicht sein letztes Weihnachtsfest ist?' Sobald ich alle Fragen zur Klärung gestellt habe, erwidere ich: ‚Das leuchtet mir ein. Klar verstehe ich das.'

Dann sagt er: ‚Jetzt weißt du, was mich beschäftigt. Aber ich möchte jetzt auch eine Zeit zum Zuhören, damit du mir sagen kannst, was du von der Sache hältst.‘ Also erkläre ich ihm meinen Standpunkt, während er mir zuhört und versucht, mich zu verstehen. Vielleicht stellt er auch Fragen zur Klärung, wie zum Beispiel: ‚Möchtest du also, dass wir über Weihnachten zu deinen Eltern fahren, weil deine Schwester aus Kalifornien dort sein wird? Tut es dir leid, wenn du die Gelegenheit verpasst, sie zu sehen, weil sie nur alle fünf Jahre kommt?‘ Sobald er alle Fragen gestellt und sich meine Antworten angehört hat, sagt er zu mir: „Ja, jetzt ist mir vieles klar. Ich glaube, ich verstehe, was du mir sagen willst.‘ Wir haben noch nicht alle unsere Meinungsverschiedenheiten ausgeräumt, aber wir verstehen die Ansichten des anderen, und wir haben unsere Standpunkte deutlich gemacht. Wir sind keine Feinde mehr, weil wir uns nicht streiten. Wir sind Freunde, die gemeinsam nach einer Lösung unseres Konflikts suchen.“

Die Schilderung dieser Frau entspricht genau dem Prozess, den ich bei der Eheberatung im Laufe der Jahre vielen Paaren erklärt habe. Die Grundlage ist echter gegenseitiger Respekt und die Bereitschaft, dem anderen volle Freiheit zu geben, damit er sich eigene Gedanken machen, eigene Meinungen haben und eigene Gründe für diese Meinungen haben kann. In diesem Prozess soll dem gegenseitigen Verständnis Ausdruck verliehen und bestätigt werden, dass die Vorstellungen des jeweiligen Partners einleuchtend sind. Konflikte werden nicht in einer feindlichen, sondern in einer freundschaftlichen Atmosphäre gelöst.

> In der Ehe geht es niemals darum, seinen eigenen Weg zu gehen, sondern vielmehr darum, „unseren“ gemeinsamen Weg zu finden.

Nachdem Sie sich gegenseitig zugehört und Ihr Verständnis für die jeweiligen Standpunkte bekräftigt haben, sind Sie bereit, gemeinsam eine Lösung des Konflikts zu suchen. Dabei lautet das Schlüsselwort „Kompromiss“. Häufig denken wir beim Begriff Kompromiss an etwas Negatives. Wir werden oft davor gewarnt, dass wir unsere Wertvorstellungen oder unsere Glaubensüberzeugungen aufs Spiel setzen, wenn wir Kompromisse eingehen. In einer Ehe ist ein Kompromiss jedoch nicht nur etwas Positives, sondern eine Notwendigkeit. Bei einem Kompromiss findet man einen „Treffpunkt“. Das bedeutet aber, dass jeder Ehepartner bereit sein muss, Abstriche zu machen, um die Harmonie in der Ehe aufrechtzuerhalten. Wenn wir jedoch darauf bestehen, unseren eigenen Kopf durchzusetzen, dann befinden wir uns wieder im „Streit-Modus". In der Ehe geht es niemals darum, seinen eigenen Weg zu gehen, sondern vielmehr darum, „unseren" gemeinsamen Weg zu finden.

„Sich in der Mitte treffen"

In unserem Beispiel fand das Ehepaar einen Kompromiss. Wenn sie nicht mit dem Auto fahren, sondern fliegen würden, könnten sie während der Weihnachtsfeiertage jeweils drei Tage bei beiden Elternpaaren verbringen. Jetzt mussten sie nur noch das Geld für die Flugtickets aufbringen. Denn schließlich war diese zusätzliche Ausgabe nicht geplant gewesen. Nachdem sie miteinander verschiedene Lösungsvorschläge besprochen hatten, einigten sie sich darauf, den Sommerurlaub nicht wie geplant in der Karibik zu verbringen, sondern in dem Bundesstaat, in dem sie wohnten. Nun konnten sie den Großteil ihres für den Urlaub vorgesehenen Geldes für die Flugtickets verwenden. Ihre Schlussfolgerung lautete: „Der Karibikurlaub läuft uns nicht davon, aber in diesem Jahr ist es uns wichtiger, über Weihnachten bei unseren Familien zu sein." Sie waren beide bereit, Abstriche zu machen, um harmonische Feiertage zu verleben. Bei Konflikten gibt es immer eine Lösung. Zwei eigenständige Persönlichkeiten, die sich für ein freundschaftliches Miteinander entscheiden, können diese Lösung auch finden.

In der Regel gibt es drei Möglichkeiten, Konflikte zu lösen, wenn Sie bereit sind, sich darauf einzulassen. Die eine Möglichkeit haben wir soeben erläutert. Sie finden einen „Treffpunkt", indem Sie sich einigen, die beiderseitigen Wünsche teilweise zu erfüllen, wobei jeder von Ihnen gewisse Abstriche machen muss. In unserem Beispiel hat jeder Ehepartner auf etwas verzichtet, denn jeder wollte Weihnachten bei den eigenen Eltern verbringen. Trotzdem haben sie sich diesen Wunsch zum Teil erfüllt. Sie konnten während der Feiertage beide ihre Eltern und den weiteren Familienkreis sehen. Konflikte werden häufig auf diese Art gelöst. Ich nenne diese Methode „Sich in der Mitte treffen". Bei dieser Art von Konfliktlösung finden Sie einen Treffpunkt in der Mitte Ihrer ursprünglichen Ideen, und Sie einigen sich beide darauf, dass diese Lösung durchführbar ist.

„Sich auf deiner Seite treffen"

Eine zweite Art der Konfliktlösung nenne ich „Sich auf deiner Seite treffen". Nachdem Sie sich die Gedanken und Empfindungen von beiden Partnern angehört haben, entscheidet einer von Ihnen, dass es in diesem Fall besser ist, dem Vorschlag des anderen zu folgen. Das bedeutet jedoch nicht nur Abstriche zu machen, sondern die eigene Idee vollständig aufzugeben und den Wunsch Ihres Ehepartners zu erfüllen. Wichtig ist dabei jedoch eine positive Haltung. Sie entscheiden sich für den Vorschlag des anderen, weil Sie ihn lieben und weil Sie erkennen, wie wichtig dem anderen diese Sache ist. Ein Ehemann sagte zu mir: „Ich war mit ihrem Kinderwunsch einverstanden, nachdem sie mir erklärt hat, dass ihre biologische Uhr langsam abläuft. Als ich sah, was sie auf dem Herzen hatte, wollte ich sie nicht enttäuschen. Wir waren uns immer einig gewesen, dass wir Kinder haben wollen. Ich war nur der Meinung gewesen, dass jetzt noch nicht der richtige Zeitpunkt ist. Ich wollte warten, bis wir bessere finanzielle Voraussetzungen haben. Aber als ich ihr zugehört und gemerkt hatte, wie wichtig ihr diese Sache ist, habe ich zugestimmt. Obwohl ich meine Befürchtungen hatte, meinte ich, dass wir es trotzdem schon jetzt versuchen sollten. Das haben wir dann auch getan, und ich habe diesen Entschluss nie bereut." Manchmal muss man Opfer bringen, wenn man sich entscheidet, die Idee des Ehepartners in die Tat umzusetzen. Aber die Liebe fordert von uns manchmal Opfer.

„Sich später treffen"

Eine dritte Art der Konfliktlösung nenne ich „Sich später treffen". Diese Methode lässt sich so beschreiben: „Im Moment kann ich deiner Idee nicht mit gutem Gewissen zustimmen, und ich sehe auch keine Möglichkeit für einen Kompromiss. Können wir uns erst mal darauf einigen, dass wir uns in dieser Sache nicht einig sind? Am besten, wir reden in einer Woche oder in einem Monat noch mal darüber. Dann finden wir bestimmt eine Lösung. Und in der Zwischenzeit lieben wir uns, genießen unser Beisammensein und helfen uns gegenseitig. Diese Meinungsverschiedenheit soll uns nicht auseinanderbringen." Das ist eine völlig legitime Reaktion auf einen Konflikt, wenn Sie sich momentan nicht auf eine langfristige Lösung einigen können. Einen Monat später sieht die Sache vielleicht schon wieder anders aus. Oder

Ihnen fallen neue Lösungsmöglichkeiten ein für einen Kompromiss, mit dem Sie beide leben können.

In manchen Lebensbereichen kann das „Sich später treffen" zu einer Dauerlösung werden, vor allem dann, wenn es kein „Richtig" oder „Falsch" gibt, wie zum Beispiel bei der Art, wie man die Zahnpastatube ausdrückt, den Geschirrspüler einräumt oder bei der Frage nach persönlichen Vorlieben im Bereich der Unterhaltung. Im Wesentlichen einigen wir uns darauf, dass wir uns uneinig sind, wenn es um Verhaltensweisen geht, die uns logisch erscheinen. Dann entscheiden wir uns für eine praktische Lösung. Eine Einigung über das Einräumen des Geschirrspülers kann dann so aussehen: Wenn er die Maschine einräumt, kann er es so machen, wie er es gewohnt ist. Wenn sie diese Aufgabe übernimmt, kann sie das Geschirr auf ihre Art einräumen. Im Bereich der Unterhaltung könnte sich das Ehepaar abwechseln. An einem Abend wählt sie den Film, den sie sich ansehen wollen; am nächsten Abend ist er an der Reihe.

Ihre Konflikte können Sie auf eine der drei vorgestellten Arten lösen. Der Schlüssel zur Konfliktlösung ist natürlich eine freundliche Atmosphäre, in der es möglich ist, sich zuzuhören und den Standpunkt des anderen zu bestätigen, ohne sich gegenseitig mangelnde Logik vorzuwerfen. Wenn wir lernen, die Sichtweise des anderen zu bejahen und gemeinsam nach Lösungen zu suchen, können wir die für eine Ehe völlig normalen Konflikte bewältigen. Dann lernen wir, wie ein gutes Team zusammenzuarbeiten. Hätte mir nur jemand gesagt, wie das geht, bevor Karolyn und ich heirateten! Dieses Wissen hätte uns viele Stunden nutz- und sinnloser Streitereien erspart.

> Können wir uns erst mal darauf einigen, dass wir uns in dieser Sache nicht einig sind?

GESPRÄCHSSTOFF

 1. Haben Sie in den letzten Monaten in Ihrer Beziehung Konflikte erlebt?

 2. Wie haben Sie diese Konflikte gelöst?

 3. Gibt es im Moment in Ihrer Beziehung ungelöste Konflikte?

 4. Prägen Sie sich die folgende Frage ein und verwenden Sie diese bei Ihrer nächsten Auseinandersetzung: „Wie können wir diesen Konflikt lösen, sodass wir beide uns geliebt und ernst genommen fühlen?"

 5. In diesem Kapitel haben wir drei konstruktive Arten der Konfliktlösung erläutert, und zwar
„Sich in der Mitte treffen"
„Sich auf deiner Seite treffen"
„Sich später treffen"
Haben Sie bei einer aktuellen Auseinandersetzung eine dieser Strategien eingesetzt? Haben Sie beide sich geliebt und ernst genommen gefühlt?

 6. Fällt Ihnen ein praktisches Beispiel ein, bei dem „Sich später treffen" oder „Sich einigen, dass man sich nicht einig ist" Ihnen bei der Lösung eines Ihrer Konflikte helfen kann?

 7. Wie gut gelingt es Ihnen, bei Meinungsverschiedenheiten Lösungen zu finden, von denen beide Seiten profitieren? Was ist Ihrer Meinung nach erforderlich, damit Sie weitere Veränderungen und Verbesserungen erreichen können?

KAPITEL 5

Wenn ich das vorher gewusst hätte …

Sich entschuldigen ist ein Zeichen von Stärke

Mein Vater war ein Fan des Schauspielers John Wayne. In „Der Marshal", einem seiner letzten Filme, rief er aus: „Richtige Männer bitten nicht um Verzeihung!" Für meinen Vater war John Wayne ein wahrer Held, und deshalb folgte er seinem Beispiel. Mein Vater war ein guter Mensch. Er behandelte seine Familie gut und er war auch kein wütender Choleriker. Aber ab und zu verlor er die Beherrschung und dann konnte er meine Mutter und manchmal auch meine Schwester und mich ganz schön herunterputzen. In den sechsundachtzig Jahren seines Lebens habe ich es nie erlebt, dass er jemanden um Verzeihung bat. Also folgte ich seinem Beispiel und John Wayne hatte einen neuen Anhänger gefunden.

Das soll nicht heißen, dass ich bewusst den Entschluss gefasst hatte, niemals um Verzeihung zu bitten. Mir kam es bloß niemals in den Sinn. Vor der Ehe konnte ich mir nicht vorstellen, dass ich jemals etwas tun oder sagen könnte, wofür ich mich bei meiner Frau entschuldigen müsste. Schließlich liebte ich sie ja. Ich hatte vor, sie überglücklich zu machen, und ich war mir sicher, dass dieser Wunsch auf Gegenseitigkeit beruhte. Nach der Hochzeit entdeckte

> Ich folgte einfach dem Beispiel meines Vaters. Ich bat nie um Verzeihung.

ich jedoch einiges, von dem ich vorher nichts gewusst hatte. Ich fand heraus, dass die Frau, die ich geheiratet hatte, Vorstellungen hatte, die in meinen Augen einfach nur dumm waren. Und das teilte ich ihr auch mit. Ich erinnere mich noch, wie ich ihr laut und deutlich sagte: „Karolyn, denk doch mal nach. Das ist schlicht und einfach unlogisch."

Meine Worte lösten eine scharfe Erwiderung aus, und damit begann die Abwärtsspirale.

Nach derartigen Episoden herrschte zwischen uns beiden zunächst einmal Funkstille. Mehrere Stunden oder sogar Tage lang sprachen wir nicht mehr miteinander. Nachdem ein wenig Zeit verstrichen war, brach ich das Schweigen und redete mit meiner Frau, als sei nichts gewesen. Es folgten ein paar gute Tage oder Monate – bis zum nächsten Wortwechsel. Damals war es mir nicht bewusst, aber heute ist es mir klar: Ich folgte einfach dem Beispiel meines Vaters. Ich bat nie um Verzeihung. In Gedanken gab ich meiner Frau die Schuld an unseren Auseinandersetzungen. Es versteht sich von selbst, dass wir in diesen Anfangsjahren keine gute Ehe führten.

Schon bald nach unserer Hochzeit meldete ich mich am theologischen Seminar an und begann mit meinem Studium. Schon bald erkannte ich, dass die Schriften des Neuen Testaments über Themen wie Schuldbekenntnis und Reue sehr viel zu sagen haben. *Schuldbekenntnis* bedeutet: Ich gebe zu, dass das, was ich getan oder nicht getan habe, ein Unrecht ist. *Reue* bedeutet: Ich wende mich bewusst von diesem Unrecht ab und strebe danach, das Richtige zu tun. Besonders hingezogen fühlte ich mich zu den schonungslos offenen Worten des Apostels Johannes: „Freilich werden immer wieder Leute behaupten, sie hätten das nicht nötig, und sie seien frei von aller Schuld. Wer so etwas sagt, betrügt sich selbst. In ihm ist kein Fünkchen Wahrheit. Wenn wir aber unsere Sünden bereuen und sie bekennen, dann dürfen wir darauf vertrauen, dass Gott seine Zusage treu und gerecht erfüllt: Er wird unsere Sünden vergeben und uns von allem Bösen reinigen."[1] Ich erkannte, dass ich mich selbst betrogen hatte. Die Tatsache, dass ich Karolyn an meinen Zornausbrüchen die Schuld gab, war der beste Beweis für meine Selbsttäuschung. Es war ein großer Trost für mich, als ich Gott meine Sünden bekannte. Offen gestanden fiel es mir viel schwerer, mein Scheitern auch Karolyn gegenüber zu bekennen.

> Wir sind alle nur Menschen und sagen oder tun manchmal Dinge, die andere Menschen verletzen.

In den nächsten Monaten lernte ich jedoch, wie man um Verzeihung bittet. Ich stellte fest, dass Karolyn immer bereit war, mir zu vergeben. Im Laufe der Zeit lernte auch sie, wie man um Verzeihung bittet, und ich lernte, ihr zu vergeben. Nachdem ich fast ein Leben lang andere Ehepaare beraten habe, bin ich davon überzeugt, dass eine intakte Ehe erst durch Verzeihen und Vergeben möglich ist. Zu dieser Schlussfolgerung komme ich, weil wir alle nur Menschen sind und manchmal Dinge sagen oder tun, die andere Menschen verletzen. Solche lieblosen Worte und Handlungen errichten emotionale Barrieren zwischen den Betroffenen. Diese Barrieren verschwinden nicht von selbst. Sie werden nur dann abgebaut, wenn wir um Verzeihung bitten und der Mensch, den wir verletzt haben, uns vergibt.

Vor ein paar Jahren arbeitete ich mit Dr. Jennifer Thomas, einer anderen Eheberaterin, zusammen. Wir führten umfangreiche Studien zum Thema Verzeihen durch. Im Rahmen unserer Forschungsarbeit stellten wir vielen Hundert Probanden zwei Fragen. Die erste lautete: „Was sagen oder tun Sie normalerweise, wenn Sie um Verzeihung bitten?" Die zweite Frage lautete: „Welche Worte oder Handlungen erwarten Sie, wenn Sie jemand um Verzeihung bittet?" Die Antworten der Befragten konnte man in fünf Kategorien einteilen. Wir bezeichneten diese Kategorien als „die fünf Sprachen des Verzeihens". Es war eindeutig zu erkennen: Was der eine als Bitte um Verzeihen ansieht, muss die andere noch lange nicht so auffassen. Deshalb gibt es unter Ehepaaren so viele Missverständnisse, wenn es um das Verzeihen geht. Er sagt: „Es tut mir leid." Sie denkt: „Klar tut es dir leid. Willst du mir vielleicht noch etwas sagen?" Sie wartet auf eine Entschuldigung, aber er meint, er habe sich bereits entschuldigt.

Normalerweise lernen wir unsere Sprache des Verzeihens von unseren Eltern. Der kleine David stößt seine Schwester Julia die Treppe hinunter. Seine Mutter sagt: „David, so was macht man nicht. Entschuldige dich bei deiner Schwester." Also sagt der kleine David zu Julia: „Entschuldigung." Wenn David zweiunddreißig ist und seine Frau beleidigt, sagt er noch immer: „Entschuldigung." Er macht, was seine Mutter ihm beigebracht hat. Deshalb kann er nicht verstehen, warum seine Frau ihm nicht von ganzem Herzen vergibt. Seine Schwiegermutter war jedoch ganz anders als seine eigene Mutter. Von ihrer Mutter hat seine Frau gelernt zu sagen: „Ich habe dir Unrecht getan. Kannst du mir vergeben?" Deshalb wartet sie darauf, dass David solche oder ähnliche Worte zu ihr sagt. Für sie reicht ein einfaches „Entschuldigung" nicht aus.

Die Sprachen des Verzeihens

Es folgt eine kurze Zusammenfassung der fünf Sprachen des Verzeihens, die wir bei unserer Forschungsarbeit entwickelt haben.

1. Das Eingeständnis: „Es tut mir leid."

„Entschuldigung" oder „Tut mir leid" können bei dieser Sprache des Verzeihens durchaus die ersten Worte sein. Sie müssen jedoch erklären, wofür Sie sich entschuldigen wollen. Die Worte „Entschuldigung" oder „Tut mir leid" sind viel zu allgemein. Zum Beispiel könnten Sie sagen: „Es tut mir leid, dass ich eine Stunde zu spät nach Hause gekommen bin. Ich wusste, dass du auf mich gewartet hast, damit wir ins Kino gehen konnten. Wir haben die erste halbe Stunde versäumt, und vielleicht hast du jetzt keine Lust mehr auf einen Kinobesuch. Ich habe wirklich ein schlechtes Gewissen, weil ich nicht auf die Uhr gesehen habe. Ich habe mich im Büro aufhalten lassen, aber das ist ganz allein meine Schuld. Jetzt bist du bestimmt furchtbar enttäuscht."

Wenn Sie die Beherrschung verloren und Ihr Gegenüber angeschrien haben, könnten Sie sagen: „Es tut mir leid, dass ich so laut geworden bin. Ich weiß, dass meine Worte sehr hart geklungen haben und ich dich damit zutiefst verletzt habe. Man darf niemand so laut anbrüllen. Ich habe dich sehr schlecht behandelt. Mir würde es umgekehrt ja genauso gehen, wenn du mich so anschreien würdest. Es tut mir sehr leid, dass ich dich verletzt habe."

Diese Sprache des Verzeihens bewegt sich auf der Ebene der Gefühle. Damit geben Sie Ihrem Gegenüber zu verstehen, wie sehr es Ihnen leidtut, dass Ihre Worte oder Ihr Verhalten so verletzend waren. Wenn diese Sprache auch von Ihrem Gegenüber gesprochen wird, dann will er wissen: „Verstehst du, wie sehr dein Verhalten mich verletzt hat?" Wenn Ihre Entschuldigung zu knapp ausfällt, klingt sie in den Ohren des anderen wie leere Worte.

2. Die Verantwortung: „Es war mein Fehler."

Diese Entschuldigung beginnt mit den Worten „Es ist meine Schuld". Dann folgt eine Erklärung Ihres Fehlverhaltens. Ein Beispiel: „Es ist meine Schuld, dass ich meinen Nachmittag nicht gut genug geplant habe, um früher Schluss zu machen. Ich wusste, dass wir heute Abend ausgehen wollten, aber ich habe nicht daran gedacht, wann ich zu

Hause sein muss, damit wir rechtzeitig wegkommen. Es war ganz allein meine Schuld."

Wenn jemand den Partner oder die Partnerin angeschrien hat, könnte die Entschuldigung so lauten: „Es ist meine Schuld, dass ich dich so angefahren habe. Das ist einfach nicht in Ordnung gewesen. Ich hätte nicht die Beherrschung verlieren dürfen. Dir gebe ich keine Schuld daran. Ich weiß, dass ich dir Unrecht getan habe."

Wenn jemand vor allem diese Sprache des Verzeihens spricht, wartet er oder sie darauf, dass Sie Ihr Unrecht eingestehen. Für einen solchen Menschen klingen die Worte „Es tut mir leid" nicht wie eine echte Entschuldigung. Vielmehr sollen Sie bereit sein, die Schuld für Ihr Fehlverhalten oder Ihre Worte auf sich zu nehmen.

3. Die Wiedergutmachung: „Wie kann ich das wiedergutmachen?"

Ein Mann, der den Hochzeitstag vergessen hatte, sagt zum Beispiel: „Ich weiß, dass ich alles verpatzt habe. Ich kann es einfach nicht fassen, dass ich unseren Hochzeitstag vergessen habe. Was bin ich bloß für ein Ehemann? Ich weiß, dass ich das nicht ungeschehen machen kann, aber ich möchte es wiedergutmachen. Du kannst dir wünschen, was wir machen oder wohin wir gehen. Du verdienst das Beste vom Besten, und das möchte ich dir geben." Wenn seine Frau vor allem die „Sprache der Wiedergutmachung" spricht, dann wird ihr bestimmt etwas einfallen.

Derjenige, der diese Sprache spricht, will vor allem wissen, ob der andere ihn noch immer liebt. Ihr Verhalten wirkt so lieblos, dass Ihr Gegenüber sich fragt, wie Sie ihn oder sie lieben können, wenn Sie sich so schäbig verhalten. Deshalb wird die Bitte um Wiedergutmachung auch mit der Liebessprache Ihres Gegenübers im Einklang stehen. Wenn die Liebessprache *Zärtlichkeit* lautet, dann wird er oder sie zu Ihnen sagen: „Nimm mich bitte in den Arm" oder „Hab mich jetzt einfach lieb." Wenn Ihr Gegenüber jedoch die Liebessprache *Geschenke* spricht, dann bittet er oder sie Sie wahrscheinlich um ein Geschenk, das als echter Ausdruck Ihrer Liebe dienen kann. Wenn *Hilfsbereitschaft* die Liebessprache Ihres Gegenübers ist, dann hören Sie vielleicht diese Bitte: „Du kannst es wiedergutmachen, wenn du die Garage aufräumst." Wenn *Zweisamkeit* die wichtigste Liebessprache Ihres Gegenübers ist, dann wird sie oder er Sie vielleicht darum bitten, am Wochenende gemeinsam wegzufahren. Ein Mensch mit der Liebessprache Lob und Anerkennung wird Sie darum bitten, Ihre Liebe mit Worten zu bekräftigen. Vielleicht sagt er oder sie: „Kannst du mir einen Liebesbrief schreiben und mir darin sagen, warum und wie sehr du mich liebst?" Für solche Menschen sprechen Worte eine deutlichere Sprache als Taten.

4. Der Sinneswandel: „Es soll nicht wieder vorkommen."

Bei dieser Sprache des Verzeihens geht es darum, einen Plan zu entwerfen, damit das Fehlverhalten nicht wieder vorkommt. Ein Mann, der „schon wieder" die Beherrschung verlor, sagte: „Ich kann mich selbst nicht leiden. Das ist ganz schlecht. Ich weiß, dass ich letzte Woche auch ausgerastet bin. Das muss aufhören. Du hast etwas Besseres verdient als diese Wutausbrüche. Kannst du mir dabei helfen, dass das nicht wieder vorkommt?" Sein Wunsch nach Veränderung vermittelte seiner Frau den Eindruck, dass er es mit seiner Entschuldigung ernst meinte. Dieses Ehepaar entschloss sich für die folgende Strategie: Sobald der Mann merkte, dass er kurz davor war, wieder die Beherrschung zu verlieren, sagte er zu seiner Frau: „Schatz, ich muss mal an die frische Luft. Ich bin gleich wieder zurück." Er machte einen kurzen Spaziergang, und dabei beruhigte er sich. Wenn er nach einer halben Stunde wieder zurückkam, sagte er zu ihr: „Ich liebe dich so sehr, und ich weiß diese Spaziergänge zu schätzen. Ich will nie wieder die Beherrschung verlieren, wenn wir zusammen sind. Deshalb bin ich so dankbar, dass du mir dabei hilfst, diese Wutausbrüche zu überwinden."

In den Augen mancher Menschen meinen Sie es nicht ernst mit Ihrer Entschuldigung, wenn sie ohne den Wunsch nach Veränderung vorgetragen wird. Sie können sagen, was Sie wollen, und dennoch klingt es für manche Menschen nicht aufrichtig. Für sie ist ein ehrliches Bitten um Verzeihung gekoppelt mit dem Entschluss, Ihr Verhalten zu ändern.

5. Die Vergebung: „Willst du mir vergeben?"

„Kannst du mir vergeben?" Diese Worte klingen wie Musik in den Ohren eines Menschen, bei dem die Bitte um Vergebung die wichtigste Sprache des Verzeihens ist. Aus der Sicht solcher Menschen bitten Sie um Vergebung, wenn Sie es ehrlich meinen, denn darum geht es doch bei einer Entschuldigung. Sie haben jemanden verletzt. Deshalb möchte er oder sie wissen: „Möchtest du, dass dir vergeben wird? Möchtest du die durch dein Verhalten errichtete Barriere niederreißen?" Die

Bitte um Vergebung berührt das Herz Ihres Gegenübers und klingt aufrichtig.

Dr. Thomas und ich haben noch eine weitere Entdeckung gemacht: Wenn Paare lernen, um Entschuldigung zu bitten, und zwar auf eine Art, die der andere annehmen kann, dann fällt ihnen auch das Vergeben leichter. Wenn Sie sich entschuldigen, wollen die meisten Menschen wissen, ob sie es auch ehrlich meinen mit Ihrer Entschuldigung. Sie beurteilen Ihre Aufrichtigkeit jedoch nach ihrem eigenen Maßstab für eine ernst gemeinte Entschuldigung. Das bedeutet für Sie, dass Sie lernen müssen, Ihre Entschuldigung in der Sprache des Verzeihens zu formulieren, die Ihr Gegenüber spricht. Wenn Sie das tun, merken die anderen, dass Sie aufrichtig sind.

Carl lernt die Sprache des Verzeihens

Es ist nicht immer leicht, die Kunst des ehrlichen Entschuldigens zu lernen. Manche meiner Leser können sich bestimmt mit der Geschichte identifizieren, die ich aus dem Buch *Die fünf Sprachen des Verzeihens* entnommen habe.

Carl wollte gerne heiraten. Zusammen mit seiner Freundin Melanie kam er zu einem unserer Seminare. Nachdem die beiden die Fragebögen zum Thema „Um Entschuldigung bitten" ausgefüllt hatten, sagte Melanie zu ihm, dass sie am liebsten die Worte „Es tut mir leid" hören wollte, wenn er sich bei ihr entschuldigte. Im weiteren Verlauf des Seminars wandte Carl sich an mich. „Offen gestanden weiß ich nicht, ob mir diese Worte jemals über die Lippen gekommen sind. Sie klingen irgendwie ‚weibisch'. Ich habe immer geglaubt, dass richtige Männer nicht um Verzeihung bitten. Vielleicht bin ich ja ein Macho. Ich weiß nicht, ob ich diese Worte aussprechen kann, aber Melanie macht sich wohl Gedanken darüber. Vielleicht wäre es besser gewesen, wenn wir diese Fragebögen nicht ausgefüllt hätten", fügte er mit einem verschmitzten Lächeln hinzu.

„Im Gegenteil, vielleicht ist es besser, dass Sie es gemacht haben", erwiderte ich schmunzelnd. „Ich möchte Ihnen eine Frage stellen. Haben Sie in Ihrem Leben jemals etwas getan, das Sie zutiefst bereut

> Ich habe gehofft, dass die Leute im Himmel nicht wissen, was hier auf Erden passiert, weil ich ihr nicht wehtun wollte.

haben? Haben Sie sich danach gesagt: ‚Hätte ich das bloß nicht gemacht'?"

Er nickte. „Ja. Am Abend vor der Beerdigung meiner Mutter habe ich mich betrunken. Am nächsten Morgen hatte ich einen schlimmen Kater. Ich kann mich kaum noch an die Beerdigung erinnern."

„Wie haben Sie sich damals gefühlt?", fragte ich.

„Total schlecht", antwortete Carl. „Es ist mir so vorgekommen, als ob ich meiner Mutter Schande gemacht hätte. Ihr Tod hat mich schwer getroffen. Wir haben uns immer gut verstanden, und ich konnte mit ihr über alles reden. Ich habe wohl versucht, meinen Kummer zu ertränken, aber ich habe es übertrieben. Meine Mutter wäre traurig gewesen, wenn sie das hätte sehen können. Sie hat mich immer zur Rede gestellt, wenn ich einen über den Durst getrunken habe. Deshalb habe ich gehofft, dass die Leute im Himmel nicht wissen, was hier auf Erden passiert, weil ich ihr nicht wehtun wollte."

„Nehmen wir mal an, die Leute im Himmel wissen tatsächlich, was hier auf der Erde passiert und Ihre Mutter war wirklich enttäuscht, weil Sie zu viel getrunken haben. Und nehmen wir an, dass man Ihnen die Chance gibt, mit ihr zu reden. Was würden Sie ihr sagen?"

Carls Augen wurden feucht. „Ich würde ihr sagen, dass es mir furchtbar leidtut. Ich wollte sie nicht enttäuschen. Schließlich wusste ich doch, dass man sich vor einer Beerdigung nicht betrinkt. Ich wünschte, ich könnte diesen Abend noch mal erleben. Dann würde ich nicht in diese Kneipe gehen. Ich würde ihr sagen, dass ich sie wirklich lieb habe und mir wünsche, dass sie mir vergibt."

Ich legte meinen Arm um Carls Schulter. „Wissen Sie, was Sie gerade getan haben?"

Er nickte mehrmals und erwiderte: „Klar. Ich hab meine Mutter um Verzeihung gebeten. Jetzt fühle ich mich richtig gut. Meinen Sie, dass sie mich gehört hat?"

„Ich glaube schon", antwortete ich. „Und ich glaube, sie hat Ihnen vergeben."

„Mann, ich wollte doch nicht heulen", murmelte er und wischte sich die Tränen von den Wangen.

„Das ist auch so was. Man hat Ihnen beigebracht, dass richtige Männer nicht weinen dürfen. Stimmt's?"

„Stimmt."

„Man hat Sie falsch informiert, Carl", erklärte ich. „Es ist genau umgekehrt. Echte Männer dürfen weinen. Nur unechte Männer weinen nicht. Echte Männer bitten auch um Verzeihung. Sie sagen sogar ‚Es tut mir leid', wenn sie merken, dass sie einem geliebten Menschen wehgetan haben. Sie sind ein richtiger Mann, Carl. Das haben Sie heute bewiesen. Vergessen Sie das niemals. Wenn Sie und Melanie heiraten, werden Sie kein perfekter Ehemann sein, und sie wird keine perfekte Ehefrau sein. Man muss nicht perfekt sein, um eine gute Ehe zu führen. Aber man muss bereit sein, sich gegenseitig um Verzeihung zu bitten, wenn man einander verletzt. Und wenn die Worte ‚Es tut mir leid' zu Melanies wichtigster Sprache des Verzeihens gehören, dann müssen Sie lernen, diese Worte auszusprechen."

> Man muss nicht perfekt sein, um eine gute Ehe zu führen. Aber man muss bereit sein, sich gegenseitig um Verzeihung zu bitten.

„Jetzt habe ich es kapiert!", verkündete Carl lächelnd. „Ich bin echt froh, dass wir zu diesem Seminar gekommen sind."

Ein Jahr später leitete ich ein Seminar in South Carolina. Am Samstagmorgen waren die anderen Teilnehmer noch nicht da, als die Tür aufging und Carl und Melanie hereinkamen. „Wir sind extra früher gekommen, weil wir gerne kurz mit Ihnen reden möchten", sagte er. „Wir müssen Ihnen einfach sagen, wie viel uns Ihr Seminar bedeutet hat, als Sie letztes Jahr in Summerfield waren. Es war ein Wendepunkt in unserer Beziehung. Drei Monate nach dem Seminar haben wir geheiratet, und wir profitieren immer noch von dem, was wir damals gelernt haben."

„Ich bin mir nicht sicher, ob wir noch verheiratet wären, wenn wir nicht bei diesem Seminar mitgemacht hätten", ergänzte Melanie. „Ich habe nicht gewusst, dass das erste Ehejahr so schwer sein würde."

„Jetzt bin ich aber neugierig", erwiderte ich. „Kann Carl Sie um Verzeihung bitten?"

„Oh ja. Wir können das beide ganz gut", antwortete sie. „Das war das Wichtigste, was wir in Ihrem Seminar gelernt haben – das und die fünf Sprachen der Liebe. Diese beiden Dinge sind überlebenswichtig für unsere Ehe."

Carl sagte: „Ich finde es nach wie vor schwer. Aber für mich war es ein echter Durchbruch, als ich meine Mutter um Verzeihung gebeten habe. Ich habe erkannt, wie wichtig es ist, ehrlich zu sein, wenn ich Fehler mache."

„Was ist Ihre Sprache der Liebe?", fragte ich Melanie.

„Hilfsbereitschaft", antwortete sie. „Und Carl macht sich richtig gut. Er kümmert sich sogar um die Wäsche."

Carl schüttelte den Kopf. „Ich hab nie geglaubt, dass ich so was mal mache. Aber ich muss gestehen, dass es viel leichter ist, die Wäsche zu waschen als zu sagen ,Es tut mir leid'. Aber ich habe inzwischen beides gelernt. Ich möchte, dass wir eine gute Ehe führen. Meine Eltern hatten keine gute Ehe, und Melanies Eltern auch nicht. Aber wir wollen zusammen alt werden. Deshalb kommen wir heute zu einem Auffrischungskurs. Wir freuen uns schon, wenn wir was Neues lernen können."

„Sie sind ein richtiger Mann", sagte ich zu Carl und klopfte ihm auf die Schulter.[2]

Wenn ich auf meine eigene Ehe zurückblicke, wünschte ich, dass ich schon am Beginn gewusst hätte, wie wichtig nicht nur das Verzeihen an sich ist, sondern auch das richtige Entschuldigen. Dieses Wissen hätte mir viele Tage des schweigend ertragenen Leids erspart, als ich vergeblich hoffte, Karolyn würde meine verletzenden Worte einfach vergessen.

GESPRÄCHSSTOFF

 1. Erinnern Sie sich noch, wann Sie das letzte Mal einen anderen Menschen um Verzeihung gebeten haben? Wenn ja, was haben Sie gesagt?

 2. Erinnern Sie sich noch, wann ein anderer Sie das letzte Mal um Verzeihung gebeten hat? Klang die Entschuldigung aufrichtig? Haben Sie Ihrem Gegenüber vergeben? Wenn ja, warum? Wenn nein, warum nicht?

 3. Besprechen Sie mit Ihrem Partner/Ihrer Partnerin, welche Worte Sie bei einer ernst gemeinten Entschuldigung hören wollen.

 4. Gibt es momentan etwas, wofür Sie um Verzeihung bitten müssen? Warum tun Sie es nicht sofort?

KAPITEL 6

Wenn ich das vorher gewusst hätte …

Vergebung ist kein Gefühl

Auf eine Bitte um Verzeihung ist Vergebung die einzige gesunde Reaktion. Aber was bedeutet es, einem anderen zu vergeben? Vor unserer Hochzeit glaubte ich, dass man die verletzten Gefühle loslassen müsse, damit man wieder Liebe empfinden könne. Das schien für mich eine leichte Sache zu sein. Ich erinnere mich noch, wie Karolyn mich anrief und eine Verabredung mit mir absagte, weil sie zusammen mit einer Freundin Einkäufe erledigen musste. Ich war enttäuscht und wütend zugleich. Wieso war ihr ein Einkaufsbummel mit einer Freundin wichtiger als unser gemeinsamer Abend? Zwei Tage lang schlug ich mich mit meinen verletzten Gefühlen und meiner Wut herum, bis zu unserer nächsten Verabredung. Wir hatten uns kaum begrüßt, als sie schon fragte: „Was ist denn los mit dir?" Da ließ ich die aufgestaute Flut meiner Gefühle heraus. Ich sagte ihr, wie verletzt ich gewesen war, weil sie einen Einkaufsbummel mit ihrer Freundin einem Zusammensein mit mir vorzog.

Als ich mit meinem Gefühlsausbruch fertig war, erwiderte sie ruhig: „Das tut mir leid. Ich hätte es dir richtig erklären sollen. Natürlich wollte ich lieber mit dir zusammen sein. Aber das war das einzige Wochenende, an dem meine Freundin frei hatte, und sie hat meine Hilfe gebraucht, weil sie ein Geburtstagsgeschenk für ihre Mutter kaufen musste. Ich wusste doch, dass wir uns auch noch an einem anderen Abend treffen könnten. Ich wollte dir doch nicht wehtun. Natürlich verbringe ich jeden Abend lieber mit dir als bei einem Einkaufsbummel. Ich hoffe, dass du mir vergeben kannst." Ihre Worte und ihre Bitte um Verzeihung wirkten auf mich wie ein Schwamm, der Wasser aufsaugt. Meine verletzten Gefühle waren wie weggewischt und an ihre Stelle trat eine alles durchdringende Liebe. Es war vorbei. Unsere Beziehung war wieder wie neu, und alles Negative war vergessen. Das war mein Verständnis von Vergebung.

Als wir verheiratet waren, schien es viel schwieriger zu sein, einander zu vergeben. Etwa sechs Wochen nach unserer Hochzeit kam es zu einem ausgewachsenen Streit. Mitten in unserem heftigen Wortwechsel ging Karolyn zum Kleiderschrank, holte ihren Regenmantel heraus, schlug die Wohnungstür laut hinter sich zu und lief hinaus, obwohl es in Strömen regnete. Mein erster Gedanke war: „Warum bleibt sie nicht hier und kämpft wie ein Mann?" Aber dann dachte ich: „Oh nein. Was ist, wenn sie nicht mehr zurückkommt?" Die Tränen flossen mir die Wangen herunter, während ich mich verzweifelt fragte: „Wie konnte es schon so kurz nach der Hochzeit so weit kommen?" Ich schaltete den Fernseher an, um meine quälenden Gedanken zu übertönen, aber ein Vergessen war nicht möglich.

Es kam mir vor wie eine halbe Ewigkeit, bis ich endlich hörte, wie die Wohnungstür aufgeschlossen wurde. Ich drehte mich um und sah, dass Karolyn weinte. „Es tut mir leid, dass ich einfach so abgehauen bin, aber ich konnte es nicht mehr ertragen. Ich hasse Streitereien. Als du mich angeschrien hast, wusste ich, dass ich hier raus musste. Sonst wäre es immer schlimmer geworden." Ich entschuldigte mich bei ihr, weil ich so laut geworden war, aber tief in mir drin gab ich ihr die Schuld an unserem Streit. Als wir endlich im Bett lagen, drehte sich jeder auf seine Seite. Nachdem ich am nächsten Tag Zeit zum Nachdenken gehabt hatte, bat ich sie noch einmal um Verzeihung, und sie entschuldigte sich auch bei mir. Wir sagten beide: „Ich vergebe dir." Aber die verletzten Gefühle waren diesmal nicht wie weggewischt, und die alles durchdringende Liebe wollte sich nicht sofort einstellen. In den nächsten Wochen lief diese Episode vor meinem inneren Auge ab wie ein Film. Immer wieder sah ich, wie meine Frau in den strömenden Regen hinauslief, und immer wieder hörte ich das laute Knallen, als sie die Wohnungstür zuschlug. Jedes Mal, wenn ich diese Szene innerlich vor mir sah, kamen meine verletzten Gefühle wieder hoch.

Obwohl ich gerade mein Studium abgeschlossen hatte, hatte ich noch nie einen Kurs zum Thema Vergebung besucht. Ich erinnerte mich auch nicht, jemals ein Buch über Vergebung in der Hand gehalten zu haben. Ich wusste bloß, dass das warme Gefühl der Liebe nicht zurückgekehrt war, als wir einander vergeben hatten. Heute, nach über drei Jahrzehnten Erfahrung in der Eheberatung, habe ich eine Menge über Vergebung gelernt. In diesem Kapitel möchte ich Ihnen diese Einsichten weitergeben. Beginnen wir also am Anfang.

Was Vergebung ist – und was sie nicht ist

Die Voraussetzung für Vergebung ist ein begangenes Unrecht. Meinungsverschiedenheiten erfordern keine Vergebung, sondern Kompromissfindung. Wenn sich einer von Ihnen jedoch dem Partner gegenüber unfreundlich verhält oder harte Worte gebraucht, sind Entschuldigung und Vergebung notwendig, wenn die Beziehung keinen Schaden nehmen soll. Es gibt zwar schlimmere und weniger tiefe Verletzungen, aber der Prozess verläuft immer gleich. Wenn einer von uns dem anderen wehtut, entsteht eine emotionale Barriere zwischen uns beiden. Diese Mauer verschwindet auch nicht, wenn etwas Zeit verstreicht. Barrieren werden nur dann abgebaut, wenn auf eine aufrichtige Entschuldigung eine echte Vergebung folgt. Im letzten Kapitel haben wir dargestellt, wie wir ehrlich um Verzeihung bitten können. Jetzt wollen wir uns mit der Frage beschäftigen, was Vergebung bedeutet.

> In den Schriften des Alten und Neuen Testaments gibt es drei hebräische und vier griechische Begriffe, die mit „vergeben" übersetzt werden.

In den Schriften des Alten und Neuen Testaments gibt es drei hebräische und vier griechische Begriffe, die mit „vergeben" übersetzt werden. Diese Wörter sind bedeutungsgleich, mit unterschiedlichen sprachlichen Nuancen, aber die Grundbedeutung ist „begnadigen" oder „wegnehmen". Wenn es darum geht, wie Gott uns vergibt, sagt uns die Bibel: „So fern, wie der Osten vom Westen liegt, so weit wirft Gott unsere Schuld von uns fort!"[1] Vergebung entfernt die Barriere und befreit uns von der Strafe. Gott fordert von uns nicht mehr, dass wir den Preis für unser Fehlverhalten zahlen. Wenn wir unsere Fehler aufrichtig bereuen und Gott um Vergebung bitten, begnadigt er uns und hält uns unser Versagen nicht mehr vor.

Wir sollen einander genauso vergeben, wie Gott uns vergibt. Deshalb ist Vergebung kein Gefühl, sondern eine Willensentscheidung, nämlich die Entscheidung, Gnade vor Recht ergehen zu lassen. Vergebung reißt die Barriere nieder und bereitet den Weg für das weitere Wachstum einer Beziehung. Vielleicht lässt sich der Begriff Vergebung noch besser erklären, wenn ich anhand von vier Punkten aufzeige, was Vergebung nicht bewirkt.

Erstens: *Vergebung beseitigt nicht unsere Erinnerung.* Manchmal höre ich den Satz: „Wenn du nicht vergessen kannst, kannst du auch nicht vergeben." Diese Aussage entspricht nicht der Wahrheit. Das menschliche Gehirn nimmt jede Erfahrung auf, ob sie nun gut oder schlecht ist, unangenehm oder angenehm. Psychologen unterteilen die menschliche Seele in zwei „Abteilungen". Die eine Abteilung bezeichnen sie als das Bewusstsein, die andere als das Unterbewusstsein. Das Bewusstsein setzt sich aus in diesem Augenblick bewusst erlebten Dingen zusammen. Zum Beispiel bin ich mir bewusst, dass ich jetzt gerade in einem Sessel sitze. Ich könnte Ihnen jetzt mitteilen, was ich um mich herum sehe und höre. Das Unterbewusstsein beherbergt vergangene Erlebnisse und Erfahrungen, die im übertragenen Sinn in „Ordnern" abgelegt werden.

> Vergebung beseitigt nicht unsere Erinnerung.

Manche „Daten" fließen ungehemmt aus dem Unterbewusstsein ins Bewusstsein. Zu einem bestimmten Zeitpunkt entscheiden wir uns vielleicht, die im Unterbewusstsein gespeicherten Daten ins Bewusstsein zu rufen. Wenn Sie mich zum Beispiel fragen: „Was haben Sie zum Frühstück gegessen?", könnte ich die Daten aus dem Unterbewusstsein abrufen und antworten: „Ich habe Müsli mit Heidelbeeren gegessen." Bevor Sie mir die Frage gestellt haben, dachte ich nicht bewusst an mein Frühstück. Aber ich kann diese Information ganz nach Belieben abrufen.

Andere Erlebnisse sind tief in unserem Unterbewusstsein vergraben. Es ist schwierig, sie dort herauszuholen, auch wenn man sich anstrengt. Wieder andere Erinnerungen springen uns förmlich an, selbst wenn wir das gar nicht wollen. Das ist oft bei schmerzlichen Erlebnissen der Fall. Auch wenn Sie sich entschlossen haben, eine Verletzung zu vergeben und die Barriere wegzuräumen, kann die Erinnerung an dieses negative Erlebnis in Ihr Bewusstsein zurückkehren. Mit der Erinnerung kommen auch die verletzten Gefühle oder vielleicht Wut in Ihnen hoch. Wenn Sie sich an begangenes Unrecht erinnern, heißt das aber nicht, dass Sie es nicht vergeben haben, sondern dass Sie auch nur ein Mensch sind und eine schmerzliche Erfahrung nicht vergessen können. Wie gehen Sie mit diesen schmerzlichen Erinnerungen um? Am besten gehen Sie damit zu Gott und sagen: „Himmlischer Vater, du weißt, woran ich mich gerade erinnere, und du kennst auch meine Gefühle. Aber ich danke dir, dass das alles bereits vergeben ist. Bitte hilf mir jetzt, heute etwas zu tun, was die Beziehung zu meinem Partner/zu meiner Partnerin verbessert." Mit diesem Gebet wiederholen Sie Ihren Entschluss, dem anderen zu vergeben und das weitere Wachstum der Beziehung zu fördern.

Zweitens: *Vergebung beseitigt nicht alle Folgen eines begangenen Unrechts.* Einige Beispiele: Eine Mutter hat Geld für eine teure, aber notwendige ärztliche Behandlung gespart. Ihr Sohn stiehlt das Geld und gibt es für Drogen aus. Wenn er aufrichtig um Verzeihung bittet, kann sie ihm vergeben, aber das Geld ist trotzdem weg. Ein Vater lässt seine Frau mit den Kindern im Stich. Zwanzig Jahre später kehrt er zurück und bittet seine Familie um Verzeihung. Natürlich können sie ihm vergeben, aber die verlorenen Jahre lassen sich nicht mehr rückgängig machen. Ein Mann verliert die Beherrschung und schlägt seine Frau. Dabei bricht er ihr den Kiefer. Auch wenn er aufrichtig um Verzeihung bittet und sie ihm vergibt, ist ihr Kiefer noch immer gebrochen. Unser Verhalten hat immer Folgen. Positives Verhalten hat positive Folgen, negatives Verhalten zieht negative Konsequenzen nach sich. Vergebung kann nicht alle Folgen eines begangenen Unrechts beseitigen.

Drittens: *Vergebung bringt nicht automatisch verlorenes Vertrauen zurück.* Ein Mann, der seine Frau mit einer anderen betrogen hatte, beendete später die Affäre und bat seine Frau um Verzeihung. Als sie bei mir in der Eheberatung war, sagte sie: „Ich glaube, ich habe ihm vergeben, aber ich kann ihm nicht vertrauen. Jetzt frage ich mich, ob ich ihm wirklich vergeben habe."

Es ist tatsächlich so, dass Vergebung nicht automatisch das Vertrauen wiederherstellt. Vertrauen ist die unerschütterliche Gewissheit, dass Ihr Gegenüber es ehrlich mit Ihnen meint. In einer Beziehung wird das Vertrauen zerstört, wenn einer der beiden Partner fremdgeht. Wenn ich mein Vertrauen zu Ihnen verliere, habe ich nicht mehr diese feste Gewissheit, dass Sie fair und ehrlich zu mir sind. Aber wie kann verlorenes

Vertrauen wieder aufgebaut werden? Indem Sie Ihr Verhalten ändern und vertrauenswürdig sind. Wenn ich im Laufe der Zeit feststelle, dass Worte und Taten bei Ihnen übereinstimmen und Ihr gesamtes Handeln einwandfrei ist, kann ich Ihnen allmählich wieder vertrauen.

Nehmen wir einmal an, dass bei mir in der Eheberatung ein Ehepaar sitzt. Einer der beiden Ehepartner hat einen Seitensprung begangen, will aber die Ehe wieder kitten. Meine Empfehlung an beide lautet: Nachdem der Schuldige den anderen aufrichtig um Verzeihung gebeten und Vergebung empfangen hat, sollte derjenige, der das Unrecht begangen hat, dem Ehepartner die Erlaubnis geben, alle Lebensbereiche zu kontrollieren. Das bedeutet Zugang zu Bankkonten, zum Computer, dem Handy und allen anderen Informationsquellen. Mit dieser Erlaubnis sagen Sie zu Ihrem Partner oder Ihrer Partnerin: „Ich habe nichts zu verbergen. Ich habe mein Verhalten tatsächlich geändert, und ich möchte dein Vertrauen wiedergewinnen." Mit dieser Art von Offenheit und einer konsequenten Ehrlichkeit kann das zerstörte Vertrauen wiederaufgebaut werden. Vergebung bringt also nicht automatisch verlorenes Vertrauen zurück, aber Vergebung kann als „Türöffner" dienen, um diesen Prozess zu ermöglichen.

Viertens: *Vergebung führt nicht immer zu einer Versöhnung.* Das Wort „Versöhnung" beinhaltet auch die Rückkehr zur Harmonie. Versöhnung erfordert von beiden Seiten, dass sie Differenzen überwinden, die Konflikte aus der Vergangenheit lösen und lernen, wie man als Team zusammenarbeitet. Wie lange dauert dieser Prozess? Das hängt hauptsächlich davon ab, wie lange Sie beide „in Disharmonie" leben. Bei manchen Paaren dauert der Prozess der Versöhnung bloß ein paar Stunden, für andere mehrere Monate. Manche Paare brauchen die Hilfe eines professionellen Eheberaters, weil sie allein nicht in der Lage sind, ihre Beziehung wiederaufzubauen. Ich will damit sagen, dass Vergebung nicht automatisch die Harmonie in eine Beziehung zurückbringt, aber den Weg zu einer späteren Versöhnung ebnen kann. Zu Beginn dieses Kapitels habe ich behauptet, dass Vergebung die einzige gesunde Reaktion auf eine Bitte um Verzeihung ist. Wenn wir uns entscheiden, nicht vergeben zu wollen, bleibt die Barriere zwischen uns und dem anderen

> Was können Sie tun, wenn die Person, die Ihnen Unrecht getan hat, Sie nicht um Verzeihung bittet?

bestehen. Es kommt zu einer Entfremdung in der Beziehung. Die Zeit allein wirkt nicht heilend in einer gestörten Beziehung. Heilung erfordert die Entscheidung, begangenes Unrecht zu vergeben. Und Vergebung ermöglicht Wachstum in einer Beziehung.

Ich möchte am Ende dieses Kapitels eine weitere Frage stellen. Was können Sie tun, wenn die Person, die Ihnen Unrecht getan hat, Sie nicht um Verzeihung bittet? Die positivste Vorgehensweise sieht so aus: Konfrontieren Sie den anderen liebevoll mit seinem Fehlverhalten, in der Hoffnung, dass er Sie um Verzeihung bittet und Sie ihm vergeben können. Wenn Ihr erster Versuch scheitern sollte, empfehle ich Ihnen einen zweiten und dritten Anlauf. Mit einer Bitte um Verzeihung geben Sie zu verstehen: „Mir ist unsere Beziehung etwas wert, und deshalb will ich dieses Problem anpacken." Mit der Weigerung sich zu entschuldigen signalisiert Ihnen der andere: „Mir ist unsere Beziehung nicht allzu viel wert, und deshalb ist es für mich in Ordnung, wenn wir uns weiter entfremden." Wir können eine Bitte um Verzeihung nicht erzwingen, aber wir können ein Friedensangebot machen und unsere Bereitschaft zur Vergebung signalisieren. Wenn Ihr Gegenüber nach einer abschließenden Analyse noch immer nicht bereit ist, die Beziehung wiederaufzubauen, bleibt Ihnen nur noch die Möglichkeit, den anderen in die Hände Gottes zu legen und ihm auch Ihre verletzten Gefühle sowie Ihre Wut zu überlassen. Lassen Sie nicht zu, dass die fehlende Bereitschaft Ihres Partners oder Ihrer Partnerin Ihnen jede Lebensfreude nimmt. Es gehören immer zwei dazu, wenn man eine positive, gesunde Beziehung aufbauen will.

Hätte ich vor der Hochzeit das gewusst, was ich Ihnen in diesem Kapitel erklärt habe, wäre mir das Vergeben viel leichter gefallen. Ich hätte meine Gefühle besser verstanden und verarbeitet. Ich hätte verstanden, dass Vergebung nicht alle verletzten Gefühle beseitigt und auch nicht automatisch die Liebe zurückbringt. Aber Vergebung ist der erste Schritt beim Verarbeiten verletzter Gefühle und beim Neuanfang in der Liebe. Ohne aufrichtige Entschuldigungen und echte Vergebung ist eine gesunde Ehe nicht möglich. Wenn Sie lernen, um Verzeihung zu bitten und zu vergeben, haben Sie zwei wichtige Bausteine für eine erfolgreiche Ehe gefunden.

GESPRÄCHSSTOFF

 1. Gibt es jemanden, den Sie liebevoll auf ein begangenes Unrecht aufmerksam machen müssen? Was hält Sie davon ab, die Sache anzusprechen?

 2. Gibt es jemanden, dem Sie noch nicht vergeben haben? Was hält Sie davon ab, es zu tun?

 3. Welche Barrieren befinden sich zwischen Ihnen und einem Menschen, den Sie lieben? Was werden Sie tun, um diese Barrieren abzubauen?

 4. Wie leicht fällt es Ihnen, jemandem zu vergeben, der Sie um Verzeihung bittet? Warum ist das so?

KAPITEL 7

Wenn ich das vorher gewusst hätte …

Toiletten haben keinen Selbstreinigungs-Mechanismus

In meinem Elternhaus war die Toilette immer sauber. Ich hatte mir nie Gedanken darüber gemacht, dass es jemanden geben musste, der sie regelmäßig putzte. Bis zum heutigen Tag weiß ich nicht, ob es meine Mutter oder mein Vater war. Ich sah nie, wie jemand die Toilette putzte.

Zwei Wochen nach unserer Hochzeit schrieb ich mich an der Universität zu einem weiterführenden Studium ein. Unsere Wohnung im Studentenwohnheim war klein, aber schön eingerichtet und blitzsauber. Etwa drei Wochen später entdeckte ich dunkle Flecken in der Toilette. (Inzwischen wusste ich natürlich, dass Toiletten geputzt werden müssen. Schließlich besuchte ich ja die Universität.) Ich machte Karolyn darauf aufmerksam. Sie sagte: „Ja, ich weiß. Ich habe mich schon gefragt, wann du sie putzen willst."

„Die Toilette putzen?!", fragte ich entgeistert. „Ich dachte, das ist deine Aufgabe. Ich weiß noch nicht mal, wie man eine Toilette putzt."

„Dann zeige ich es dir", erwiderte sie.

„Können wir nicht so ein Ding kaufen, das die Toilette automatisch saubermacht, wenn man die Spülung bedient?", wollte ich wissen.

„Diese Dinger funktionieren nicht richtig", antwortete sie. „Das ist rausgeschmissenes Geld."

Vor der Ehe hatte ich niemals daran gedacht, dass aus mir einmal ein Toilettenputzer werden könnte. Doch ich machte meine Sache sogar so gut, dass ich im zweiten Semester einen Teilzeitjob bei einem Reinigungsunternehmen annahm. Und dann ging ich von Firma zu Firma und machte dort die Toiletten sauber. Nach meiner Ausbildung zum professionellen Toilettenputzer war es ein Kinderspiel, die kleine Toilette in unserer Studentenwohnung zu putzen.

Ich möchte Ihnen jetzt eine persönliche Frage stellen: Wer wird in Ihrer Wohnung oder Ihrem Haus die Toilette putzen, wenn Sie verheiratet sind? Wenn ich Paare berate, die heiraten wollen, stelle ich fest, dass die meisten Männer meinen, ihre Frau werde diese Aufgabe übernehmen, während die meisten Frauen meinen, ihr Mann sei dafür verantwortlich. Ohne eine voreheliche Beratung machen sich die meisten Paare keine Gedanken darüber, wer die Toilette putzen wird. Drei Wochen nach der Hochzeit stellen auch sie fest, dass Toiletten keinen Selbstreinigungs-Mechanismus haben.

Wer macht was?

Ich spreche dieses Thema nicht an, weil es mich unablässig beschäftigt, wer bei Ihnen die Toilette putzen wird. Ich mache mir jedoch Sorgen, dass Sie Ihre Ehe beginnen, ohne vorher darüber gesprochen zu haben, *wer* nach der Hochzeit *was* machen wird. Soziologen bezeichnen diesen Vorgang als „Rollenverteilung in der Ehe". Die Unsicherheit über die Rollenverteilung gehört in modernen Ehen zu den größten Stressfaktoren. In früheren Generationen, als der Ehemann für das Einkommen sorgte und die Frau für den Haushalt zuständig war, waren die Rollen und Aufgaben klar festgelegt. In unserer heutigen Welt sind die meisten jungen Ehefrauen jedoch berufstätig. Deshalb erwarten sie von ihren Männern auch Mithilfe im Haushalt. Wenn Sie nicht vor der Hochzeit darüber sprechen, wer welche Aufgaben übernehmen wird, werden Sie feststellen, dass die Unsicherheit in dieser Frage in den ersten Monaten der Ehe zu größeren Auseinandersetzungen führen wird.

Bei der Diskussion über die Rollenverteilung in der Ehe kommen mehrere Faktoren ins Spiel. Erstens sind Sie beide mit unterschiedlichen Rollenmodellen aufgewachsen. Eine junge Frau sagte zu mir: „Mein Vater hat jeden Samstagmorgen die Fußböden gesaugt, bevor er das Auto auf Hochglanz gebracht hat. Jetzt erwartet mein Mann von mir, dass ich die Fußböden sauge, und mit dem Auto soll ich in die Waschanlage fahren. Ich kann es nicht fassen, dass ich so einen Faulpelz geheiratet habe."

> Die Unsicherheit über die Rollenverteilung gehört in modernen Ehen zu den größten Stressfaktoren.

Ihr Mann sagte jedoch: „Meine Mutter hat immer die Fußböden gesaugt. Mir ist nie der Gedanke gekommen, dass meine Frau so etwas von mir erwartet. Und die Sache mit dem Auto ist eine Frage der Zeitersparnis. Warum soll ich jeden Samstag zwei Stunden lang das Auto waschen, wenn ich es in drei Minuten durch die Waschanlage fahren kann? Der ganze Spaß kostet mich doch nur drei Dollar. In meiner Familie wäscht niemand sein Auto selbst. Alle drei Monate zahlen wir zwölf Dollar für eine gründliche Reinigung in der Waschanlage. Ich weiß nicht, warum das für sie so eine große Sache ist."

Für sie war es eine große Sache, weil ihr Mann in ihren Augen keine Verantwortung als Ehemann übernehmen wollte. Ihre Erwartungen erschienen ihm völlig überzogen, weil er in seiner Familie mit einem anderen Rollenmodell aufgewachsen war. In einer Lernübung, die ich bei der Beratung mit Paaren durchführe, bitte ich beide Partner, mir getrennt eine Liste zu erstellen mit allen Aufgaben, die ihr Vater im Haushalt erledigte, und den Verantwortungsbereichen, die ihre Mutter übernommen hatte. Wenn die Listen fertig sind, gehen wir sie gemeinsam durch, um Ähnlichkeiten und Unterschiede bei den elterlichen Rollenmodellen herauszuarbeiten. Dann fordere ich das junge Paar zu einem längeren Gespräch auf. Die beiden sollen klären, inwieweit ihre eigene Ehe den Rollenmodellen ihrer Eltern entsprechen soll oder nicht. Es ist ein Zeichen von Unreife, wenn man den Einfluss elterlicher Rollenmodelle auf die eigenen Erwartungen ignoriert oder schlichtweg leugnet. Ein junges Paar, das die erforderliche Reife mitbringt, spricht offen und ehrlich über die eigenen Erwartungen. Bei Meinungsverschiedenheiten finden beide einen Weg, sich noch vor ihrer Hochzeit über die Rollenverteilung in der Ehe zu einigen.

Woher kommen die unterschiedlichen Erwartungen?

Ein zweiter Einflussfaktor bei Ihrer Wahrnehmung von der ehelichen Aufgabenverteilung ist Ihre eigene Philosophie über das Wesen von Mann und Frau. Diese Philosophie gibt Ihnen eine Antwort auf die Frage: „Was macht ein Mann und was macht eine Frau in einer Partnerschaft?" Die Art, wie Sie diese Frage beantworten, ist im Wesentlichen geprägt von Erziehung und Bildung. Wenn eine junge Frau beispielsweise eine Universität besucht hat, an der sie Vorlesungen von emanzipierten Professorinnen gehört hat, hat sie wahrscheinlich feste

Überzeugungen, was Frauen in einer Partnerschaft zu tun oder zu lassen haben. Hat sie aber an einer konservativen Bibelschule studiert, hat sie vermutlich ganz andere Vorstellungen über die Rolle einer Frau in der Ehe. Bildung und Erziehung sowie religiöse Auffassungen haben auch einen prägenden Einfluss auf die Überzeugungen, die ein junger Mann über die Rolle von Mann und Frau in der Ehe vertritt. Es ist unverantwortlich, wenn Sie diese starken Prägungen ignorieren oder meinen, dass Ihre Liebe stärker sei als diese Einflüsse. Wenn Sie die Unterschiede zwischen Ihnen nicht vor der Ehe bewältigen können, werden sie zu großen Hindernissen auf dem Weg zu einer stabilen, gelingenden Partnerschaft in der Ehe.

Falls es dem Ehemann peinlich ist, seinen Freunden zu erzählen, dass er zu Hause das Geschirr spült, wenn Geschirrspülen jedoch für die Ehefrau ein Zeichen von Männlichkeit ist, dann wird diese Sache zu seinem emotionalen Reizthema in ihrer Beziehung. Wenn sie der festen Überzeugung ist, dass eine Ehefrau nicht ständig am Herd stehen sollte, er aber keine Ahnung vom Kochen hat, sollten die beiden schon vor der Ehe ein Kompromiss aushandeln. Entweder ändert sie ihre Meinung oder er meldet sich zu einem Kochkurs an. Ihre Philosophie über das Wesen von Mann und Frau wirkt prägend auf Ihre Erwartungen an die Rollenverteilung in der Ehe.

Was kann wer besonders gut?

Diese Gedanken sind eine Überleitung zum dritten Faktor, der Sie beeinflusst, wenn es um die Frage geht, wer von Ihnen welche Aufgaben übernehmen soll. Es ist eine Tatsache, dass Sie beide unterschiedliche Fähigkeiten haben. Wenn es um die Zubereitung der Mahlzeiten geht, hat einer von Ihnen vielleicht die besondere Fähigkeit, beim Einkaufen die besten Angebote auszuwählen, während der andere wahllos das kauft, was scheinbar notwendig ist. Einer von Ihnen kann vielleicht besonders gut backen, während der andere ein wahrer Meister am Grill ist. Einer von Ihnen verwendet viel Sorgfalt auf das Abstauben der Möbel, während der andere den Staub noch nicht einmal sehen kann. Einer von Ihnen ist vielleicht ein Experte bei der Gartenarbeit, während der oder die andere keine Ahnung davon hat. Der eine ist ein Genie im Umgang mit dem Computer, während der andere bloß weiß, wie man E-Mails versendet.

Wir müssen mit unseren Begabungen und Fähigkeiten nicht unbedingt die gleichen Bereiche abdecken, aber es ist wichtig, die Unterschiede zu erkennen und sie für die Beziehung zu nutzen. In einer Fußballmannschaft haben alle elf Spieler dasselbe Ziel, aber sie spielen nicht alle dieselbe Rolle. Bei der Mannschaftsaufstellung stellt der Trainer die Spieler auf die Position, die sie seiner Meinung nach am besten ausfüllen. Dieses Prinzip sollte uns auch bei der Rollenverteilung in der Ehe helfen.

Vorlieben und Abneigungen

Der vierte Faktor für die Suche nach Übereinstimmung über die unterschiedlichen Aufgaben ist die simple Tatsache, dass jeder von Ihnen Vorlieben und Abneigungen hat. Für die Frau ist die Planung und Kontrolle der Finanzen vielleicht ein Kinderspiel, während der Mann diese Aufgabe als Quälerei empfindet. Beide können zwar mit Zahlen umgehen, aber nur einem von beiden macht es Spaß und dem anderen nicht. Vielleicht empfindet der Mann es als belebende Herausforderung, wenn er die Fußböden mit dem Staubsauger bearbeiten kann, während diese Arbeit für seine Frau die reinste Plackerei ist. Das Bezahlen der monatlichen Rechnungen macht ihr überhaupt nichts aus, während er es äußerst bedrückend findet. Ihre jeweiligen Vorlieben und Abneigungen zu kennen ist ein wichtiger Schritt bei der Entscheidung über die Rollenverteilung in der Ehe. Es wäre natürlich ideal, wenn jeder von Ihnen Aufgaben übernehmen kann, die Ihnen Spaß machen. Aber wenn es Dinge gibt, die Sie beide nicht gerne machen, muss einer von Ihnen auch die Verantwortung für eine weniger angenehme Aufgabe übernehmen. Sie sollten bei der Entscheidung, wer was machen soll, jedoch die beiderseitigen Vorlieben und Abneigungen berücksichtigen.

> Ihre jeweiligen Vorlieben und Abneigungen zu kennen ist ein wichtiger Schritt bei der Entscheidung über die Rollenverteilung in der Ehe.

Eine Übung für die Praxis

Ich möchte Ihnen jetzt eine Übung empfehlen, die Ihnen nicht nur helfen wird, wenn sich die Frage nach dem Toilettenputzen stellt, sondern auch bei der Entscheidung, wer alle anderen notwendigen Aufgaben übernimmt. Wenn Sie planen, zu heiraten und ein gemeinsames Leben zu verbringen, dann machen Sie eine Liste mit allen Arbeiten, die Ihrer Meinung nach für einen funktionierenden Haushalt erforderlich sind. Halten Sie fest, wer sich um das Auto kümmert, und schreiben Sie auf, wer die Einkäufe erledigt, wer die Mahlzeiten zubereitet, wer die Wäsche erledigt, wer den Hausputz übernimmt. Bitten Sie Ihren Zukünftigen oder Ihre Zukünftige darum, eine ähnliche Liste anzufertigen. Dann legen Sie die beiden Listen nebeneinander und stellen eine Gesamtliste zusammen, die alle Punkte aus Ihren eigenen Listen enthält.

Machen Sie zwei Kopien von dieser Gesamtliste. Dann nimmt sich jeder von Ihnen die Liste allein vor. Schreiben Sie Ihren Namen neben die Aufgaben, die Sie übernehmen wollen. Wenn Sie meinen, dass Sie sich bestimmte Aufgaben teilen sollten, schreiben Sie beide Namen daneben, aber unterstreichen Sie den des oder der Hauptverantwortlichen. Sobald Sie mit Ihren Listen fertig sind, reservieren Sie sich einen Abend, an dem Sie gemeinsam die beiden Listen durchgehen, um festzustellen, wo es Übereinstimmungen oder Abweichungen gibt und wer bei welcher Aufgabe die Hauptverantwortung übernehmen soll. Bei Meinungsverschiedenheiten müssen Sie Lösungen besprechen. Teilen Sie Ihrem Partner oder Ihrer Partnerin die Gründe für Ihre Entscheidung mit. Seien Sie so offen und ehrlich wie möglich, wenn Sie erklären, wie Sie zu Ihrer Schlussfolgerung gekommen sind. Nachdem Sie einander aufmerksam zugehört haben, treffen Sie eine Vereinbarung, wer bei der strittigen Aufgabe die Verantwortung übernehmen soll. (Woher nehmen Sie die Gewissheit, dass Sie nach der Hochzeit zu einer Einigung finden, wenn Ihnen das nicht schon vorher gelingt?)

Wenn Sie es geschafft haben, einen Kompromiss festzulegen, bedeutet das nicht, dass Sie diese Aufgabenteilung bis ans Ende Ihres Lebens beibehalten müssen. Vielleicht wollen Sie ein halbes Jahr nach Ihrer Hochzeit über einige Punkte erneut sprechen. Aber auf jeden Fall beginnen Sie Ihre Ehe mit einem besseren Verständnis für Ihre gegenseitigen Erwartungen. Wenn Sie diese praktischen Übungen durchführen und eine Vereinbarung darüber treffen, wer was machen wird, ersparen Sie sich viele Konflikte und Ihr gemeinsames Leben wird viel harmonischer verlaufen.

> Woher nehmen Sie die Gewissheit, dass Sie nach der Hochzeit zu einer Einigung finden, wenn Ihnen das nicht schon vorher gelingt?

GESPRÄCHSSTOFF

 1. Nehmen wir mal an, Sie sind bei beiden Elternteilen aufgewachsen. Welche Verantwortungsbereiche in der Familie hat Ihr Vater übernommen?

 2. Welche Verantwortungsbereiche hat Ihre Mutter übernommen?

 3. Wenn Sie heiraten wollen, machen Sie die von mir empfohlene Übung.

KAPITEL 8

Wenn ich das vorher gewusst hätte ...

Der Umgang mit Geld will geplant sein

Als Karolyn und ich befreundet waren und dann unsere Hochzeit planten, kam mir nicht der Gedanke, dass wir uns darüber unterhalten müssten, wie wir die finanziellen Dinge regeln wollten. Wir hatten beide kein Geld. Schließlich waren wir mitten im Studium bzw. hatten es gerade erst abgeschlossen. Als Studenten wohnten wir im Studentenheim. Ich hatte noch nie eine Wohnung gemietet, eine Stromrechnung bezahlt, die Kosten für ein Auto getragen, und etwas zum Anziehen kaufte ich mir nur selten. Ich hatte einen Teilzeitjob, um mein Studium zu finanzieren. Nach dem ersten Studienjahr hatten mir meine Eltern großzügigerweise ein Auto gekauft. Sie zahlten auch die Versicherung. Die Kleidungsstücke, die ich trug, waren Weihnachts- oder Geburtstagsgeschenke von meiner Familie. Bei Karolyn war es ähnlich, obwohl sie vor dem Beginn ihres Studiums ein Jahr lang ganztags gearbeitet hatte, in ihrer eigenen Wohnung gelebt hatte und ihre Rechnungen selbst bezahlen musste.

Unsere Finanzplanung bestand nur aus einem Punkt: Karolyn erklärte sich bereit, ganztags zu arbeiten, während ich mich voll und ganz meinem Aufbaustudium widmen wollte. Dieser Plan ließ sich jedoch nur zwei Monate lang verwirklichen. Karolyns Arbeitszeit begann um 5.30 Uhr. Sie ist jedoch kein „Morgenmensch". Es ging ihr gesundheitlich immer schlechter und so waren wir uns einig, dass dieser Plan nicht funktionierte. Deshalb suchten wir beide einen Teilzeitjob für nachmittags. Karolyn fand eine Stelle bei einem meiner Professoren an der Universität und auch ich fand einen Job. Wir verdienten beide nicht viel, aber es reichte, um die Miete für unsere Wohnung im Studentenheim und die Nebenkosten zu bezahlen, Benzin für unser Auto und Lebensmittel zu kaufen. Drei Jahre lang kauften wir keine neue Kleidung. Als ich mein Aufbaustudium abschloss und zum ersten Mal voll ins Berufsleben einstieg, hatten wir nicht mehr als 150 Dollar auf dem Konto.

In jenen Jahren hatten wir keine Geldprobleme, weil wir kein Geld hatten. Solange sich ein Ehepaar einig ist, vorübergehend Opfer zu bringen, um ein konkretes Ziel zu erreichen, wie in unserem Fall den Abschluss meines Studiums, und solange das gemeinsame Einkommen für das Notwendigste ausreicht, kommt es wohl kaum zu Streitigkeiten wegen Geld. Unsere Auseinandersetzungen begannen erst, als wir anfingen, „richtig" Geld zu verdienen. Wir hatten noch immer nicht über einen Plan für den Umgang mit Geld gesprochen. Nachdem wir uns drei Jahre lang einschränken mussten, hatten wir plötzlich einen gewissen Nachholbedarf. Wir hatten jedoch sehr unterschiedliche Vorstellungen über Art und Zeitpunkt bestimmter Anschaffungen. Weil wir keine Planung hatten, erging es uns in punkto Geld wie vielen anderen Ehepaaren auch. Die Frage der Finanzen wurde zu unserem persönlichen Schlachtfeld. Ich möchte Sie nicht mit Schilderungen unserer Scharmützel langweilen, sondern nur darauf hinweisen, dass wir uns eine Menge sinnloser Streitereien hätten ersparen können, wenn wir schon vor der Hochzeit unseren Umgang mit Geld geplant hätten. In diesem Kapitel möchte ich Ihnen eine einfache Finanzplanung vorstellen. Dieser Plan hat vielen Ehepaaren geholfen, einen Krieg um das Geld zu vermeiden. Beginnen wir mit dem ersten Baustein.

> Die Frage der Finanzen wurde zu unserem persönlichen Schlachtfeld.

„Unser Geld", das Fundament für Einigkeit in der Ehe

Der erste Baustein für die Entwicklung eines Finanzplans ist der gemeinsame Beschluss, dass es nach der Ehe nicht mehr „mein Geld" und „dein Geld" gibt, sondern „unser Geld". Das Herzstück einer Ehe ist der Wunsch nach Einigkeit. Wir wollen unser Leben zusammen verbringen, „in guten wie in schlechten Zeiten". Das bedeutet auch, dass wir unser Einkommen miteinander teilen und im Team zusammenarbeiten, wenn es um die Entscheidung geht, was wir mit unserem

Geld machen wollen. Im Übrigen bedeutet das auch, dass „seine" und „ihre" Schulden zu „unseren" Schulden werden und wir gemeinsam planen, wie wir diese Schulden zurückzahlen. Das bedeutet auch, dass seine und ihre Ersparnisse zu „unseren" Ersparnissen werden. Wenn Sie nicht bereit sind für diese Art von Einigkeit, dann sind Sie auch nicht bereit für die Ehe.

> „Seine" und „ihre" Schulden werden zu „unseren" Schulden.

Sparen, spenden, verwenden

Der zweite Baustein für die Entwicklung eines Finanzplans ist die Einigung darüber, welchen Prozentsatz Ihres gemeinsamen Einkommens Sie sparen, spenden und ausgeben möchten. Im Wesentlichen haben Sie nur drei Möglichkeiten für den Umgang mit Ihrem Geld: Sie können es auf die hohe Kante legen, spenden oder ausgeben. Die Entscheidung, wie viel Prozent Sie jeder dieser drei Kategorien zur Verfügung stellen, ist ein wichtiger Schritt in einer vernünftigen Finanzplanung.

Im Laufe der Jahre habe ich künftigen Ehepaaren das „Modell 10-10-80" empfohlen. In die Praxis umgesetzt heißt das: Sie sparen und investieren jeweils zehn Prozent Ihres Nettoeinkommens. Das Hauptziel des Sparens besteht darin, sich einen „Notgroschen" für Zeiten der Krankheit oder Arbeitslosigkeit zurückzulegen. Ein weiteres Ziel des Sparens ist die Bezahlung von offenen Kreditkartenrechnungen oder Krediten, die Sie

> Das „Modell 10-10-80": Sie sparen und investieren jeweils zehn Prozent Ihres Nettoeinkommens.

beide vielleicht haben. Drittens sparen Sie für größere Anschaffungen wie ein Haus oder ein Auto. (Sparmodelle für Pensionspläne oder Altersrenten gehören meistens zu den Sozialleistungen von Arbeitgebern. Paaren, die heiraten wollen, rate ich dringend, sich an einem Betriebsrentenmodell zu beteiligen, falls ihr Arbeitgeber es anbietet.)

Weitere zehn Prozent sollten gespendet werden. Mit einer Spende drückt man seine Dankbarkeit aus für das, was einem gegeben wurde. Nach alter jüdischer und christlicher Tradition sollte man zehn Prozent seines Einkommens spenden. Die glücklichsten Menschen der Welt sind nicht jene, die am meisten Geld haben, sondern jene, die gelernt haben, wie befriedigend es ist, anderen zu helfen. In einem frühen christlichen Text heißt es: „Geben macht glücklicher als nehmen."[1]

Für Karolyn und mich war es nie ein Problem, zehn Prozent unseres Einkommens zu spenden. Wir hatten dieses Prinzip bereits von unseren Eltern gelernt und wir praktizierten es auch schon, als wir noch nicht verheiratet waren. Deshalb waren wir uns einig, dass wir diesen Prozentsatz auch weiterhin spenden wollten. Wir haben diesen Entschluss nie bereut. Falls dieses Prinzip einem von Ihnen neu ist, sollten Sie einen Kompromiss aushandeln. Wie viel Prozent Ihres Einkommens möchten Sie spenden, falls Sie sich nicht auf zehn Prozent einigen können? Der Prozess des Aushandelns und der Einigung vor der Ehe wird Ihnen nach der Hochzeit den Streit über diese Frage ersparen.

Die übrigen 80 Prozent

Jetzt bleiben noch 80 Prozent, die sich aufteilen in eventuelle Zahlungen für eine Hausfinanzierung (oder Miete), Nebenkosten, Versicherungen, Möbel, Lebensmittel, Kleidungsstücke, Kosten für Auto oder öffentliche Verkehrsmittel, Medikamente, Freizeitgestaltung etc. Wie Sie diesen Betrag aufteilen, entscheiden Sie. Je mehr Sie für Ihr Haus oder Ihre Wohnung ausgeben, desto weniger bleibt für die anderen Bereiche übrig. Junge Ehepaare begehen häufig den Fehler, sich ein Haus zu kaufen, das sie sich in Wirklichkeit gar nicht leisten können.

> Geben Sie für ein Haus oder eine Wohnung samt Nebenkosten nicht mehr als 40 Prozent Ihres Nettoeinkommens aus.

Vor der Ehe ist es schwierig, die genauen Kosten für Haus oder Wohnung und viele der anderen oben aufgeführten Kategorien zu kennen. Ich habe junge Paare oft ermutigt, mit einem Ehepaar Freundschaft zu schließen, das schon seit ein paar Jahren verheiratet ist und dessen Wohnung ungefähr dem entspricht, was das junge Paar plant. Reden Sie mit diesem Ehepaar über die ungefähren Kosten. Vielleicht sind Ihre Bekannten auch bereit, Ihnen eine Liste ihrer übrigen Ausgaben zusammenzustellen. Dann haben Sie eine realitätsnahe Vorstellung von dem, was Sie erwartet. Eine Faustregel lautet: Geben Sie für ein Haus oder eine Wohnung samt Nebenkosten nicht mehr als 40 Prozent Ihres Nettoeinkommens aus.

Eine kluge Einkaufsstrategie zahlt sich ebenfalls aus. Trotz der Witze über die Ehefrau, die beim Einkauf eines Schnäppchens zwei Dollar spart, aber dabei für fünf Dollar Benzin verbraucht, kann man eine Menge sparen, wenn man auf Angebote achtet. Natürlich kostet preisbewusstes Einkaufen Zeit und Energie. Es macht Arbeit, weil man sich ständig informieren muss. Aber wenn man es klug anstellt, hat man zusätzliches Geld zur Verfügung, mit dem man sich andere Wünsche erfüllen kann. Wenn man die Kunst des preisbewussten Einkaufens beherrscht, lohnt sich die damit verbundene Mühe. Informieren Sie sich über Prospekte oder Schnäppchenführer und planen Sie Ihre Einkäufe im Voraus.

Der Kauf auf Kredit ist ein weiteres, äußerst wichtiges Thema, das jedes künftige Ehepaar besprechen sollte. Wenn ich eine rote Warnlampe hätte, würde ich sie an dieser Stelle blinken lassen. Die Werbung lockt uns mit dem Slogan: „Jetzt kaufen, später zahlen." Dabei verschweigt man uns jedoch, dass man bei einem bargeldlosen Kauf mit Finanzierung bei der späteren Zahlung einen viel höheren Preis zahlen muss. Die Zinssätze bei Finanzierungskäufen haben eine große Spanne. Viele von ihnen bewegen sich im zweistelligen Prozentbereich. Deshalb sollten Ehepaare das Kleingedruckte sorgfältig lesen. Kauf auf Kredit ist ein Privileg, das man sich etwas kosten lässt, und die Kosten bei Finanzierungsplänen sind unterschiedlich hoch.

Eine Faustregel lautet: Wenn Sie eine Kreditkarte haben, verwenden Sie diese nur in Notfällen (zum Beispiel bei Unfällen im Ausland) oder bei größeren Anschaffungen oder Reparaturen. In solchen Fällen sollten Sie Ihr Konto jedoch so schnell wie möglich wieder ausgleichen. Verwenden Sie die Kreditkarte niemals für kleinere Anschaffungen. Stattdessen sollten Sie lieber das nötige Geld sparen und dann bar bezahlen. Manche Finanzberater empfehlen Ehepaaren sogar, lieber ohne Kreditkarte auszukommen. Aber bei wirklich großen Anschaffungen kann eine solche Karte auch nützlich sein. Für viele Ehepaare ist die Kreditkarte jedoch eine Eintrittskarte für den „Klub der finanziell Frustrierten". Sie verleitet zu Spontankäufen. Allerdings haben die meisten von uns mehr spontane Wünsche als Geld. Ich weiß, dass Kreditkarten auch als Hilfsmittel für einen besseren Überblick über die Ausgaben dienen

> Warum kaufen wir auf Kredit? Weil wir jetzt etwas haben wollen, wofür wir das Geld nicht haben.

können. Wenn das Konto sofort ausgeglichen wird, sind die Gebühren gering. Aber die meisten lassen sich bei regelmäßiger Verwendung der Kreditkarte zu größeren Ausgaben verleiten. Sie ziehen die Rückzahlung in die Länge, und dadurch steigen die Kosten.

Warum kaufen wir auf Kredit? Weil wir *jetzt* etwas haben wollen, wofür wir das Geld nicht haben. Beim Hauskauf mag es ein kluger Schachzug sein, wenn wir einen Kredit aufnehmen. Schließlich müssten wir für eine Wohnung sowieso Miete zahlen. Wenn wir das Haus sorgfältig auswählen, wird es an Wert gewinnen. Wenn wir genug Eigenkapitel für die Anzahlung haben und uns die monatlichen Raten leisten können, ist ein Hauskauf eine kluge Entscheidung. Die meisten unserer Einkäufe gewinnen jedoch nicht an Wert, sondern sie verlieren an Wert an dem Tag, an dem wir sie erwerben. Wir kaufen uns etwas, bevor wir es uns leisten können. Also zahlen wir den Verkaufspreis plus Zinsen für die Finanzierung, während der Wert des Artikels weiter abnimmt.

Ich weiß, dass in unserer Gesellschaft ein ganz bestimmter Lebensstandard als Notwendigkeit gilt. Aber warum glaubt ein junges Ehepaar, dass es schon im ersten Jahr Dinge haben muss, die seine Eltern innerhalb von drei Jahrzehnten angesammelt haben? Warum müssen Sie schon jetzt von allem nur das Beste haben? Mit einer derartigen Philosophie nehmen Sie sich die Freude am Erreichen von bestimmten Zielen. Es gibt relativ wenige Dinge, die man wirklich zum Leben braucht. Diese Dinge können Sie sich auch mit Ihrem jetzigen Einkommen beschaffen bzw. erhalten bei Arbeitslosigkeit dafür staatliche und andere Unterstützung. Ich bin nicht gegen das Streben nach mehr und besseren „Dingen", wenn diese Dinge zum Guten dienen können. Aber ich möchte Ihnen empfehlen, in der Gegenwart und nicht in der Zukunft zu leben. Freuen Sie sich, wenn Sie Ziele haben, die Sie später erreichen, aber genießen Sie das, was Sie heute haben.

Seit vielen Jahren haben meine Frau und ich viel Spaß an einem kleinen Spiel. Es heißt „Mal sehen, was wir alles nicht brauchen". Dieses Spiel stammt aus unserer Studentenzeit, als wir nur wenig Geld zur Verfügung hatten, aber es hat uns so sehr begeistert, dass wir es noch immer spielen. Und so geht es: Sie gehen gemeinsam in ein großes Kaufhaus, bummeln durch die Gänge und betrachten die Gegenstände, die Ihnen auffallen. Werfen Sie einen Blick auf die Preisschilder und reden Sie darüber, wie fasziniert Sie von dem betreffenden Artikel sind. Dann schauen Sie sich an und sagen: „Ist es nicht toll, dass wir so was nicht brauchen?" Während andere Leute mit vollen Einkaufstüten an Ihnen vorbeilaufen, verlassen Sie Hand in Hand das Kaufhaus und freuen sich, dass Sie keine materiellen Güter brauchen, um glücklich zu sein. Dieses Spiel kann ich allen jung verheirateten Ehepaaren wärmstens empfehlen.

Eine weitere praxiserprobte Idee hilft Ehepaaren, eine Menge Kummer zu vermeiden. Und zwar sollten sich beide Partner darauf einigen, dass keiner von ihnen ohne vorherige Rücksprache mit dem anderen eine größere Anschaffung macht. Der Begriff „größere Anschaffung" muss mit einem konkreten Geldbetrag verknüpft sein. So kann sich ein Ehepaar zum Beispiel darauf einigen, dass man vor dem Kauf eines Gegenstands, der mehr als einhundert Euro kostet, immer mit dem anderen spricht. So mancher Golfschläger oder so manche Lampe wären noch immer im Laden, wenn Ehepaare dieses Prinzip in die Tat umsetzen würden. Aber es stimmt auch, dass so manches Ehepaar viel glücklicher wäre, wenn das der Fall wäre.

Wer übernimmt die Buchhaltung?

Zuletzt möchte ich Ihnen vorschlagen, dass Sie vor der Ehe entscheiden, wer nach der Hochzeit die Buchhaltung übernimmt. Der „Buchhalter" oder die „Buchhalterin" sorgt dafür, dass die Rechnungen pünktlich bezahlt und die Kontoauszüge kontrolliert werden. Außerdem achtet er oder sie darauf, dass beide den vorher vereinbarten Ausgabenplan einhalten. Allerdings ist derjenige nicht für finanzielle Entscheidungen zuständig. Solche Entscheidungen treffen Sie beide als Team. Der Buchhalter oder die Buchhalterin muss diese Funktion nicht für immer haben. Aus verschiedenen Gründen entscheiden Sie sich vielleicht nach den ersten sechs Monaten, dass es klüger wäre, wenn der andere Partner diese Rolle übernimmt. Wenn Sie über finanzielle Details sprechen, stellt es sich meistens schnell heraus, wer von Ihnen sich in dieser Materie besser auskennt.

Allerdings sollte der „Nicht-Buchhalter" wissen, wie die Buchhaltung funktioniert und auch immer über die gemeinsamen Konten informiert sein. Denken Sie daran, dass Sie ein Team sind und beide Teammitglieder über alle finanziellen Belange Bescheid wissen müssen. Es ist mein Wunsch, dass die Empfehlungen in diesem Kapitel Ihnen dabei helfen, den vor der Ehe besprochenen Finanzplan einzuhalten, sobald Sie verheiratet sind. Ich wünschte, es hätte mir jemand gesagt, dass wir den Umgang mit Geld schon vor der Ehe planen sollten. Diesen Rat hätte ich bestimmt befolgt.

GESPRÄCHSSTOFF

 1. Wie sieht Ihre aktuelle Finanzplanung aus? (Wie gehen Sie mit Ihrem Geld um?) Sprechen Sie auch über die Einzelheiten. Wenn Sie heiraten wollen, bitten Sie Ihren Verlobten oder Ihre Verlobte, sich ebenfalls Gedanken über dieses Thema zu machen.

 2. Spenden Sie zehn Prozent Ihres Einkommens?

 3. Reservieren Sie mindestens zehn Prozent Ihres Einkommens für einen Sparplan oder eine Geldanlage?

 4. Sprechen Sie mit Ihrem künftigen Ehemann/Ihrer künftigen Ehefrau über die Punkte 2 und 3 und einigen Sie sich über Ihre weitere Vorgehensweise als Eheleute.

 5. Beginnen Sie unabhängig voneinander, das Geplante bereits vor der Hochzeit in die Tat umzusetzen. Wenn Sie sich zum Beispiel darauf einigen, nach der Hochzeit zehn Prozent Ihres Einkommens auf ein Sparkonto zu überweisen, fangen Sie damit schon an, während Sie noch unverheiratet sind. (Die Art, wie Sie schon jetzt Ihre Vereinbarungen in die Praxis umsetzen, ist ein guter Hinweis darauf, wie Sie nach der Hochzeit Ihren Plan weiter verfolgen.)

 6. Wenn Sie verlobt sind, informieren Sie Ihren Verlobten/Ihre Verlobte über die Gesamtsumme Ihrer Vermögenswerte und Verbindlichkeiten. Schätzen Sie Ihre Schulden und finanziellen Mittel realistisch ein.

 7. Erarbeiten Sie gemeinsam einen Rückzahlungsplan für Schulden, die Sie mit in die Ehe nehmen.

8. Planen Sie gemeinsam, wie Sie Ihr Geld ausgeben wollen, wenn Sie verheiratet sind. Hier sind auch die Kosten für Wohnen und Energieverbrauch zu berücksichtigen.

 9. Versuchen Sie sich zu einigen, dass bei größeren Anschaffungen einer den anderen informiert. Legen Sie den Mindestbetrag für eine „größere Anschaffung" fest. Wenn Sie sich über eine Anschaffung nicht einigen können, lassen Sie die Finger davon!

 10. Wer übernimmt die Buchhaltung? Warum?

KAPITEL 9

Wenn ich das vorher gewusst hätte …

Gemeinsame sexuelle Erfüllung kommt
nicht automatisch

Was den Sex betraf, erwartete ich in unserer Ehe ebenfalls keine Probleme. Ich war ein junger Mann, Karolyn war eine junge Frau, und wir fühlten uns stark zueinander hingezogen, auch auf erotischer Ebene. Was brauchten wir sonst noch? Der Sex würde für uns sicherlich himmlisch werden. Nach der Hochzeit stellte ich fest, dass das, was für den einen der Himmel auf Erden ist, für den anderen das genaue Gegenteil sein kann. Niemand hatte mir gesagt, dass Männer und Frauen grundverschieden sind. Natürlich kannte ich die sichtbaren körperlichen Unterschiede, aber ich wusste fast gar nichts über die weibliche Sexualität. Ich war der Meinung, dass meine Frau den Sex genauso genießen würde wie ich, dass sie genauso oft mit mir schlafen wollte wie ich mit ihr und dass ihr dieselben Dinge Vergnügen bereiteten wie mir. Also noch einmal: Ich wusste fast nichts über weibliche Sexualität. Und ich stellte fest, dass meine Frau nur sehr wenig über männliche Sexualität wusste.

Wenn ich mir Literatur über dieses Thema besorgt hätte, hätte ich entdeckt, dass die Bibel recht hat mit ihrer Empfehlung. Ein jung verheiratetes Ehepaar braucht nämlich ein Jahr, um zu lernen, wie es gemeinsame sexuelle Erfüllung erleben kann.[1] Wieder war ich unvorbereitet, weil ich nicht gut genug informiert war. In diesem Kapitel möchte ich Ihnen weitergeben, was ich schon vor der Ehe unbedingt über Sex hätte wissen müssen.

Erstens hätte ich wissen müssen, dass für Männer der Geschlechtsverkehr wichtig ist, für Frauen jedoch die Beziehung. Wenn die Beziehung durch einen heftigen Wortwechsel oder verantwortungsloses Verhalten gelitten hat, fällt es einer Frau sehr schwer, sich für Sex zu interessieren. Für sie ist Sex ein Akt der innigen Vertrautheit, der aus einer Liebesbeziehung entsteht. Ironischerweise vertreten Männer häufig die Meinung, dass sich Beziehungsprobleme durch den Geschlechtsakt lösen lassen. Eine Ehefrau sagte zu mir: „Zuerst brüllt er mich wütend an. Eine halbe Stunde später sagt er, dass es ihm leidtut und er gerne mit mir schlafen möchte. Er sagt: ‚Ich will dir zeigen, wie sehr ich dich liebe.‘ Er meint, dass der Sex alles wieder in Ordnung bringt. Aber da hat er unrecht. Ich kann nicht mit einem Mann schlafen, der mich beschimpft.“

Wenn ein Mann nach einer heftigen Auseinandersetzung von seiner Frau Offenheit für ein gemeinsames sexuelles Erlebnis erwartet, dann erwartet er etwas absolut Unmögliches. Eine aufrichtige Bitte um Verzeihung und wahre Vergebung müssen dem Liebesakt vorangehen. Dabei muss man auch berücksichtigen, dass für Frauen der Sex in der Küche beginnt und nicht im Schlafzimmer. Wenn der Mann bereits in der Küche die Liebessprache der Frau spricht, ist sie viel offener für ein sexuelles Erlebnis, sobald die beiden im Schlafzimmer ankommen. Wenn ihre Liebessprache *Hilfsbereitschaft* lautet, dann könnte es sehr hilfreich sein, wenn ihr Mann das Geschirr spült und den Abfalleimer hinausträgt. Ich erinnere mich noch, wie ein Ehemann einmal zu mir sagte: „Wenn ich gewusst hätte, dass meine Frau es sexy findet, wenn ich den Abfall hinausbringe, hätte ich das zweimal am Tag gemacht. Aber das hat mir niemand gesagt.“

> „Wenn ich gewusst hätte, dass meine Frau es sexy findet, wenn ich den Abfall hinausbringe, hätte ich das zweimal am Tag gemacht.“

Wenn die Liebessprache der Frau jedoch *Lob und Anerkennung* heißt, dann wecken Komplimente über ein gut zubereitetes Essen oder ihr Aussehen in ihr den Wunsch nach sexueller Nähe zu ihrem Mann. Das gleiche Prinzip gilt für jede andere Liebessprache Ihres Ehepartners. Ein Mann hat möglicherweise auch dann ein befriedigendes sexuelles Erlebnis mit seiner Frau, wenn sein „Liebes-Akku“ nicht voll aufgeladen ist, aber einer Frau würde das im umgekehrten Fall extrem schwerfallen.

Zweitens hätte ich wissen müssen, dass für die Frau das *Vorspiel* wichtiger ist als der Geschlechtsakt selbst. Während Frauen langsam „warm werden", erreichen Männer den „Siedepunkt" wesentlich schneller. Die zärtlichen Berührungen und Küsse während des Vorspiels bringen die Frau zu dem Punkt, an dem sie den Geschlechtsakt herbeisehnt. Wenn der Mann jedoch überstürzt den Höhepunkt erreichen will, fragt sich die Frau schließlich: „Und was soll daran so besonders sein?" Ohne ein ausreichend langes Vorspiel fühlt sich die Frau missbraucht. Eine Frau drückte es so aus: „Ich will seine Liebe spüren, aber er ist bloß am Geschlechtsverkehr interessiert."

Drittens hätte ich wissen müssen, dass für eine gemeinsame sexuelle Erfüllung kein gleichzeitiger Höhepunkt erforderlich ist. Moderne Filme vermitteln bei vielen jungen Paaren den Eindruck, dass „wir bei jedem Geschlechtsverkehr gleichzeitig zum Höhepunkt kommen und es für uns beide unglaublich befriedigend sein wird". Die Wirklichkeit sieht jedoch anders aus. Nur selten erleben Paare beim Geschlechtsverkehr gleichzeitig den Höhepunkt oder den Orgasmus. Wichtig ist nur, dass Sie beide in diesen Genuss kommen, aber der Höhepunkt muss nicht unbedingt gleichzeitig eintreten. Viele Frauen wünschen sich sogar einen Orgasmus während des Vorspiels. Wenn der vom Mann ausgeübte Reiz auf die Klitoris ihr die Lust des Höhepunkts ermöglicht, ist sie bereit für den Geschlechtsakt, und dann kann er den Höhepunkt genießen. Die unrealistische Erwartung eines gleichzeitig erlebten Höhepunkts hat bei vielen Paaren zu unnötigen Enttäuschungen geführt.

Viertens hätte ich wissen müssen, dass der Geschlechtsakt kein Liebesakt mehr ist, sondern zum sexuellen Missbrauch wird, wenn ein Ehepartner dem anderen beim Sex eine bestimmte Spielart aufzwingt. Wahre Liebe strebt immer danach, dem anderen Lust zu verschaffen. Wahre Liebe fordert von dem Ehepartner niemals etwas, was er oder sie als anstößig empfindet. Wenn Sie beide sich nicht auf eine bestimmte sexuelle Ausdrucksform einigen können, müssen Sie darüber sprechen und miteinander verhandeln. Wenn Sie keine Einigung erzielen können, sollten Sie aus Liebe zu Ihrem Partner die Wünsche und auch die Ablehnung des anderen respektieren. Ein Verstoß gegen dieses Prinzip zerstört Ihre gemeinsame sexuelle Erfüllung.

Fünftens hätte ich wissen müssen, dass Sex mehr ist als der bloße Geschlechtsakt. Von seinem Wesen her ist Sex das Erleben einer engen Bindung, einer Vereinigung von Mann und Frau auf die intimste Art. Sex ist nicht nur das Zusammenspiel von zwei Körpern, sondern zugleich die Vereinigung von Körper, Seele und Geist. Auch aus diesem Grund ist im christlichen Glauben und in den meisten anderen Weltreligionen der Geschlechtsverkehr für die Ehe vorgesehen. Durch diese einzigartige Erfahrung einer engen Bindung sollen Mann und Frau in einer lebenslangen, intimen Beziehung vereint sein. Wenn der Geschlechtsverkehr bloß ein „Ventil" ist, um sexuelle Anspannung loszuwerden, oder ein kurzes Erleben von Lust, verfehlt er seinen ursprünglichen Zweck und wird zu einem banalen Akt der Selbstsucht. Wenn der Geschlechtsverkehr jedoch als Liebesakt angesehen wird, als höchste Ausdrucksform unserer engen Bindung zueinander, dann führt er zu gemeinsamer sexueller Erfüllung.

Sechstens hätte ich wissen müssen, dass Kommunikation der Schlüssel zu einem erfüllten Sexualleben ist. Obwohl unsere Gesellschaft gesättigt ist von allzu großer Offenheit beim Thema Sex, bin ich immer wieder verblüfft, wenn ich in meiner Eheberatung Paare antreffe, die es nie gelernt haben, offen über diesen Bereich ihrer Beziehung zu sprechen. Wenn sie darüber reden wollen, werden ihre Versuche oft als Zeichen von Missbilligung und Ablehnung empfunden. Sie konzentrieren sich eher auf das *Reden* als auf das *Zuhören*. Doch wir können nur lernen, was in unserem Partner oder unserer Partnerin Lust oder Ablehnung weckt, wenn wir gut zuhören. Niemand von uns kann Gedanken lesen. In den vielen Jahren meiner Tätigkeit als Eheberater mache ich Ehepaaren immer wieder Mut, einfühlsames Zuhören zu lernen. Beim einfühlsamen Zuhören will man herausfinden, was der Gesprächspartner denkt und fühlt. Was sind seine Wünsche, und was frustriert ihn? Ich habe jungen Ehepaaren häufig empfohlen, diese Frage in den ersten sechs Monaten ihrer Ehe einmal monatlich zu stellen. „Was kann ich tun oder auch lassen, damit unser gemeinsames Sexualleben für dich besser wird?" Schreiben Sie die Antworten auf und nehmen Sie das ernst, was Ihnen gesagt wird. Wenn Sie das in den ersten sechs Monaten Ihrer Ehe tun, sind Sie auf dem besten Weg zu gemeinsamer sexueller Erfüllung.

Jetzt kommt der siebte Punkt: Ich hätte wissen müssen, dass uns die Vergangenheit bis in die Gegenwart hinein verfolgt. In unserer heutigen Kultur der sexuellen Freizügigkeit sind viele Paare vor der Ehe sexuell aktiv gewesen. Nach einer allgemein verbreiteten Auffassung

> „Was kann ich tun oder auch lassen, damit unser gemeinsames Sexualleben für dich besser wird?"

soll man angeblich besser auf das Eheleben vorbereitet sein, wenn man vorher sexuelle Erfahrungen gemacht hat. Forschungsergebnisse vermitteln uns jedoch ein ganz anderes Bild. So ist die Scheidungsrate bei Paaren, die bereits vor der Ehe sexuelle Erfahrungen gemacht haben, doppelt so hoch wie bei jenen, die diese Erfahrung nicht haben.[2] Vorherige sexuelle Erlebnisse werden häufig zu einer psychologischen Barriere auf dem Weg zu sexueller Einheit in der Ehe. Es wird nur häufig vorgegaukelt, dass Sex vor der Ehe so etwas wie ein Freizeitvergnügen ist und, dass man nach der Hochzeit einfach einen Neuanfang macht, dem Ehepartner sexuelle Treue gelobt und dann alles gut gehen wird. Aus psychologischer Sicht ist ein Neuanfang jedoch nicht so einfach. Häufig wollen Paare etwas über das sexuelle Vorleben des Partners wissen, aber dieses Wissen wird manchmal zu einer Erinnerung, die nur schwer ausgelöscht werden kann. Wenn es dann zur Heirat kommt, erwacht tief in der menschlichen Psyche der Wunsch nach einer einzigartigen Beziehung. Dann quält uns der Gedanke, dass unser Ehepartner sexuelle Beziehungen zu anderen gehabt hat.

Meiner Meinung nach ist es viel besser, schon vor der Hochzeit sexuelle Erfahrungen aus der Vergangenheit anzusprechen. Wenn wir zu diesem Thema schweigen und unsere Ehe beginnen, ohne über unser sexuelles Vorleben gesprochen zu haben, geschieht es fast immer, dass uns die Vergangenheit irgendwann einholt. Wenn das nach der Hochzeit geschieht, ist das Gefühl, vom anderen getäuscht worden zu sein, oft schwieriger zu überwinden als die Tatsache, dass er ein sexuelles Vorleben gehabt hat.

Wenn Ihnen die Wahrheit über das frühere Sexualleben Ihres Partners vor der Heirat nicht beim Heilungsprozess und bei der gegenseitigen Annahme hilft, dann rate ich Ihnen, die Hochzeit zu verschieben und diese Problematik gemeinsam oder mithilfe eines Eheberaters aufzuarbeiten. Wenn Sie die Vergangenheit nicht verarbeiten und nicht zu einem Heilungsprozess und gegenseitiger Annahme finden können, dann wäre es meiner Meinung nach besser, wenn Sie Ihre Hochzeitspläne ganz aufgeben. Ich hoffe, dass die Gedanken, die ich Ihnen in diesem Kapitel mitgeteilt habe, Ihnen dabei helfen, Ihre Ehe mit einer realistischeren Sichtweise über gemeinsame sexuelle Erfüllung zu beginnen. Ich habe noch einen letzten Vorschlag: Lesen Sie im ersten Ehejahr ein Buch über Sex in der Ehe und sprechen Sie miteinander über das Gelesene.

GESPRÄCHSSTOFF

 1. Wie würden Sie die in unserer Gesellschaft verbreitete Auffassung über Sex beschreiben?

 2. In welchen Punkten können Sie diese Auffassung teilen, in welchen nicht?

 3. Forschungsergebnissen zufolge ist die Scheidungsrate bei Paaren, die bereits vor der Ehe sexuelle Erfahrung haben, doppelt so hoch wie bei jenen, die diese Erfahrung nicht haben. Warum könnte das Ihrer Meinung nach zutreffen?

 4. Was weiß Ihr Zukünftiger oder Ihre Zukünftige über Ihr sexuelles Vorleben?

KAPITEL 10

Wenn ich das vorher gewusst hätte ...

Man heiratet nicht nur einen Menschen,
sondern seine ganze Familie

Wenn Sie meinen, dass Sie nach der Hochzeit „endlich allein" mit dem Mann oder der Frau Ihrer Träume sind, dann haben Sie sich gründlich getäuscht. Sie heiraten nämlich eine komplette Familie mit. Ihre Eltern und Schwiegereltern gönnen Ihnen eventuell noch ein bisschen Ruhe während der Flitterwochen, aber danach wollen sie an Ihrem Leben teilhaben. In anderen, nicht von westlichem Denken geprägten Kulturkreisen ist der Einfluss der Eltern sogar noch stärker und auch nach außen hin sichtbarer. Häufig zieht die junge Ehefrau zusammen mit ihrem Mann in sein Elternhaus, um dort für den Rest ihres Lebens zu bleiben. Schließlich wurde für sie eine Mitgift bezahlt, also gehört sie jetzt zur Familie ihres Mannes. Seine Mutter bringt ihr bei, was sie wissen muss, um eine ideale Ehefrau zu sein. In der westlichen Welt gibt es für die Beziehung zu den Schwiegereltern keine so strengen Regeln, aber gewisse Erwartungen sind trotzdem immer vorhanden.

In den drei Jahrzehnten meiner Tätigkeit als Eheberater höre ich von Ehepaaren immer wieder die gleichen Klagen:

- „Seine Mutter will mir unbedingt das Kochen beibringen. Ich kann aber schon seit zehn Jahren kochen und brauche ihre Hilfe nicht."
- „Ihr Vater kann mich nicht leiden. Er erzählt in seinem Bekanntenkreis herum, dass seine Tochter eine bessere Partie verdient

hätte. Vielleicht hätte er lieber einen Arzt oder Rechtsanwalt als Schwiegersohn gehabt. Ich bringe es nicht übers Herz, ihm zu sagen, dass ich als Techniker mehr Geld verdiene als diese Leute mit ihren Traumberufen."

- „Seine Schwester und seine Mutter laden mich nie zu Geburtstagen oder anderen Anlässen ein. Meine Schwägerin bekommt immer eine Einladung, aber ich nicht."

- „Ihr Bruder ist ein Sportfanatiker. Wir haben nichts gemeinsam. Er hat schon seit Jahren kein Buch mehr in die Hand genommen, und für Politik interessiert er sich auch nicht. Ich weiß einfach nicht, worüber ich mit ihm reden soll."

- „Ihr Vater ist Bankangestellter. Er gibt mir ständig Ratschläge, wie ich unser Geld verwalten soll. Offen gestanden finde ich seine Tipps nicht besonders hilfreich, aber ich will ja nicht unhöflich sein."

- „Mein Schwager sagt meinem Mann ständig, was er tun und lassen soll. Er will vielleicht immer noch den großen Bruder rauskehren, aber mir geht es auf die Nerven, weil mein Mann sich so stark von ihm beeinflussen lässt. Wenn ich mal anderer Meinung bin als mein Schwager, hält mein Mann immer zu ihm."

- „Meine Schwiegereltern geben meiner Frau Geld für Sachen, die wir uns nicht leisten können. Das ärgert mich. Mir wäre es lieber, wenn sie sich nicht so sehr einmischen würden."

- „Meine Schwiegereltern statten uns ständig Überraschungsbesuche ab. Sie erwarten dann immer, dass wir alles stehen und liegen lassen, um Zeit mit ihnen zu verbringen. Langsam geht mir das wirklich auf die Nerven. Ich will nicht unhöflich sein, aber mir wäre es lieber, wenn sie vorher anrufen und fragen würden, ob es uns passt, wenn sie vorbeikommen wollen."

Wenn Sie heiraten, werden Sie in eine Großfamilie integriert. Diese Familie besteht eventuell aus einer Mutter, einem Vater, vielleicht aus Stiefeltern, Brüdern, Schwestern, Stiefgeschwistern, Onkeln, Tanten, Cousins, Cousinen, Nichten, Neffen, Stiefkindern. Vielleicht gibt es auch noch einen Ex-Mann oder eine Ex-Frau. Diese Großfamilie können Sie nicht einfach ignorieren, denn sie ist immer da. Sie haben vielleicht eine distanzierte oder liebevolle, eine gute oder schlechte Beziehung zu diesen Leuten, aber Sie werden immer mit ihnen zu tun haben, weil Sie die Familie Ihres Ehepartners mitheiraten.

Ihr Leben wird leichter, wenn Sie es schaffen, ein gutes Verhältnis zu dieser Großfamilie zu haben. Die Art Ihrer Beziehung zu diesen Leuten hängt natürlich auch davon ab, wie eng der Kontakt ist. Wenn die räumliche Distanz zu beiden Familien groß ist, kann Ihre Beziehung zwar gut sein, aber sie bleibt distanziert. Die Möglichkeiten zu engeren Kontakten beschränken sich vielleicht nur auf Anlässe wie Feiertage, Hochzeiten oder Beerdigungen.

Wenn die Familie Ihres Ehepartners oder Ihrer Ehepartnerin jedoch in der Nähe wohnt, gibt es mehr Berührungspunkte.

Fünf klassische Reibungspunkte

Normalerweise haben Sie den engsten Kontakt zu den Eltern Ihres Ehepartners. Deshalb möchte ich in diesem Kapitel den Schwerpunkt auf die Beziehung zu den Schwiegereltern legen. Welche Reibungspunkte können zwischen Ihnen und Ihren Schwiegereltern auftreten? Es gibt fünf klassische Bereiche, in denen es vermutlich Meinungsverschiedenheiten geben wird.

Zu den ersten Punkten, mit denen Sie sich beschäftigen müssen, gehören die Feiertage, vor allem Weihnachten. In unserer Gesellschaft gibt es zu Weihnachten mehr Familienzusammenkünfte als an anderen Feiertagen. Das kann problematisch werden, wenn Ihre Schwiegereltern möchten, dass Sie beide die Weihnachtsfeiertage bei ihnen verbringen und Ihre eigenen Eltern denselben Wunsch haben. Wenn beide Familien in derselben Stadt wohnen, mag das ja noch machbar sein. Wohnen beide Elternpaare in derselben Region, kann man Heiligabend bei dem einen und den ersten Feiertag bei dem anderen Elternpaar verbringen. Wenn die Entfernungen jedoch größer sind, müssen Sie sich auf eine andere Lösung einigen. Sie könnten zum Beispiel Weihnachten in diesem Jahr bei seinen und im nächsten Jahr bei ihren Eltern verbringen. Das Elternpaar, das Sie zu Weihnachten nicht sehen, könnten Sie dann an einem anderen Feiertag besuchen. Vielleicht gibt es noch weitere Feiertage, die für Ihre Familien eine besondere Bedeutung haben.

Zu berücksichtigen sind jedoch nicht nur Feiertage, sondern auch gewisse Familientraditionen. Zum Beispiel sagte eine jung verheiratete Frau: „Meine Schwester und ich sind mit unserer Mutter an ihrem Geburtstag immer richtig schön essen gegangen. Jetzt sind wir verheiratet und mein Mann sagt, dass wir nicht genug Geld für das Flugticket haben. Es fällt mir schwer, mich damit abzufinden. Ich möchte nicht, dass meine Mutter und meine Schwester ein schlechtes Bild von meinem Mann bekommen, aber ich fürchte, genau das wird passieren."

Ein anderer Ehemann sagte zu mir: „Solange ich denken kann, veranstaltet meine Familie am Nationalfeiertag ein großes Picknick, bei dem wir Fisch grillen. Wir Männer gehen schon frühmorgens zum Angeln. Dann sind wir den ganzen Tag zusammen. Das ist im ganzen Jahr der einzige Tag, an dem ich alle meine Cousins und Cousinen treffe. Meine Frau meint jetzt, dass wir den Tag zusammen mit ihren Eltern verbringen sollten. Aber sie machen nicht viel, sondern gehen bloß zum Abendessen ins Restaurant. So etwas können wir doch auch an einem anderen Tag machen." Traditionen sind häufig mit vielen Emotionen beladen. Deshalb sollte man sie niemals auf die leichte Schulter nehmen.

Traditionen sind häufig mit vielen Emotionen beladen. Deshalb sollte man sie niemals auf die leichte Schulter nehmen.

Darüber hinaus haben auch Ihre Schwiegereltern ganz bestimmte Erwartungen. Wenn Sie vor der Hochzeit nur wenig Zeit mit ihnen verbracht haben, fühlen Sie sich vielleicht überrumpelt von diesen unausgesprochenen Wünschen. Ein Ehemann sagte zu mir: „Ich musste ganz schön schlucken, als ich gemerkt habe, dass meine Schwiegereltern bei gemeinsamen Besuchen im Restaurant das eine Mal die Rechnung übernehmen und beim nächsten Mal das Gleiche von mir erwarten. Es war mir wahnsinnig peinlich, als meine Frau beim ersten Mal sagte: ‚Du bist heute dran mit dem Bezahlen.' Wenn wir zusammen mit meinen Eltern ins Restaurant gehen, übernehmen sie immer die Rechnung. Mir ist nie der Gedanke gekommen, dass das bei meinen Schwiegereltern anders sein könnte."

Manche dieser Erwartungen beziehen sich auch auf Glaubensfragen und -traditionen. So sagte mir eine Frau: „Wenn wir das Wochenende bei seinen Eltern verbringen, sollen wir am Freitagabend immer in die Synagoge mitkommen, obwohl wir beide Christen sind. Ich fühle mich sehr unwohl dabei, aber ich möchte auch nicht ihre Gefühle verletzen. Ich bin bloß gespannt, ob sie dann am Sonntag mit uns zum Gottesdienst gehen, wenn sie uns mal besuchen." Ihr Mann fügte hinzu: „Wenn wir übers Wochenende zu ihren Eltern fahren, erwarten sie von mir, dass ich einen Anzug trage, wenn ich am Sonntagmorgen mit ihnen in den Gottesdienst gehe. Meine Frau und ich gehören zu einer Gemeinde, in der auf Kleidung wenig Wert gelegt wird. Ich besitze bloß einen einzigen Anzug, den ich mir vor fünf Jahren für die Beerdigung meiner Großmutter gekauft habe. Wenn ich ihn anhabe, fühle ich mich eingezwängt."

Ihre Schwiegereltern haben vielleicht auch bestimmte Verhaltensweisen, die Sie als irritierend oder sogar als bedenklich empfinden. Ein Beispiel: Ein junger Ehemann entdeckt, dass sein Schwiegervater sich jeden Donnerstag mit seinen Freunden zu einem „Herrenabend" trifft und jedes Mal angetrunken nach Hause kommt. In diesem Zustand beschimpft er regelmäßig seine Frau. Die Schwiegermutter beklagt sich bei der jungen Frau und sie erzählt es ihrem Mann. Am liebsten würde er etwas unternehmen, aber er fühlt sich hilflos. Das Verhalten seines Schwiegervaters bereitet ihm zwar Kopfzerbrechen, aber der junge Mann ärgert sich noch mehr, weil seine Schwiegermutter diese Sache jedes Mal erwähnt, wenn sie mit ihrer Tochter spricht. Die junge Frau regt sich immer wieder darüber auf.

Maria war erst seit fünf Monaten verheiratet, als sie in meinem Büro saß und sagte: „Meine Schwiegermutter hat einen ausgeprägten Ordnungssinn. Sie sollten bloß mal ihre Kleiderschränke sehen. Jeder Schuh steht an seinem Platz, und ihre Kleider hat sie nach Farben sortiert aufgehängt. Ich dagegen bin ziemlich chaotisch. Immer wenn sie uns besucht, will sie mir Tipps geben, weil sie meint, ich könnte es mir einfacher machen. Aber leider bin ich nicht so ein Ordnungsfanatiker. Außerdem habe ich gar nicht die Zeit, nun anständig aufzuräumen."

Eventuell haben Ihre Schwiegereltern auch bestimmte religiöse Überzeugungen, die sich von Ihren eigenen Glaubensauffassungen unterscheiden. Zum Beispiel sagte mir ein junger Ehemann: „Wenn ich mit ihrem Vater zusammen bin, will er mich jedes Mal zu seiner Auffassung vom christlichen Glauben ‚bekehren'. Obwohl ich Christ bin, bin ich nicht so dogmatisch und engstirnig wie er. Für mich ist der Glaube eine Privatsache, und es ärgert mich, wenn mein Schwiegervater mich so lange unter Druck setzt, bis ich ihm zustimme."

Susannes Familie besucht eine Kirchengemeinde. Sie sagt: „Seine Eltern sind Baptisten. Ständig reden sie darüber, dass ich mich taufen lassen soll. Ich bin doch schon als Baby getauft worden. Deshalb sehe ich nicht ein, warum ich mich noch mal taufen lassen soll. Seine Eltern machen deswegen ein Riesentheater. Das kann ich beim besten Willen nicht nachvollziehen."

Einfühlsames Zuhören lernen

Bei diesen und vielen anderen Reibungspunkten werden Sie die Entdeckung machen, dass Ihre Schwiegereltern eigenständige Persönlichkeiten mit eigenen, unverwechselbaren Gedanken, Gefühlen und Sehnsüchten sind, die sich von Ihren eigenen Gedanken, Gefühlen und Sehnsüchten unterscheiden können. Doch wie können Sie trotz aller Meinungsverschiedenheiten eine gute Beziehung zu Ihren Schwiegereltern aufbauen? Ich möchte Ihnen vorschlagen, dass Sie diesen Prozess beginnen, indem Sie aufmerksam und einfühlsam zuhören. Unter einfühlsamem Zuhören verstehe ich, dass Sie bereit sind zu verstehen, was Ihre Schwiegereltern denken, wie sie zu ihrer Auffassung gekommen sind und welche Gefühle sie damit verknüpfen. Von Natur aus sind die meisten Menschen keine guten Zuhörer.

Oft hören wir nur so lange zu, bis uns eine schlagfertige Erwiderung einfällt. Dann führt ein Wort zum anderen, und schließlich kommt es zu sinnlosen Streitereien. Beim einfühlsamen Zuhören halten Sie sich mit Ihrem Urteil zurück, bis Sie sich sicher sind, dass Sie auch verstehen, was Ihr Gesprächspartner Ihnen sagen will. Wichtig sind deshalb auch klärende Rückfragen wie: „Habe ich es richtig verstanden, wenn du sagst …?" oder: „Das klingt so, als ob du mich um … bitten möchtest. Ist das richtig?"

> Einfühlsames Zuhören bedeutet nicht, dass Sie den Vorstellungen Ihres Gegenübers zustimmen müssen, sondern dass Sie Ihren Gesprächspartner und dessen Gedanken respektieren.

Wenn Sie lange genug zugehört haben, um zu verstehen, was Ihr Gesprächspartner sagen will und wie wichtig es ihm ist, können Sie Ihre Auffassung über das Besprochene äußern. Weil Sie Ihrem Gegenüber zugehört haben, ohne vorschnell zu verurteilen, ist der andere eher bereit, Ihre ehrliche Meinung zu hören. Einfühlsames Zuhören bedeutet nicht, dass Sie den Vorstellungen Ihres Gegenübers zustimmen müssen, sondern dass Sie Ihren Gesprächspartner und dessen Gedanken respektieren. Wenn Sie anderen Menschen respektvoll und freundlich begegnen, ist die Wahrscheinlichkeit höher, dass man Ihnen und Ihren Auffassungen den gleichen Respekt entgegenbringt. Einfühlsames Zuhören führt zu gegenseitigem Verständnis und Respekt.

Sie sollten im Umgang mit Ihren Schwiegereltern immer „Ich-Botschaften" benutzen. Sagen Sie nicht: „Ihr habt mich mit euren Worten verletzt." Sagen Sie stattdessen: „Ich war verletzt, als ihr das gesagt habt." Wenn Sie Ihren Satz mit dem Wort „ich" beginnen, vermitteln Sie Ihrem Gegenüber Ihren eigenen Blickwinkel. Beginnen Sie dagegen den Satz mit „du" oder „ihr", klingt das wie eine Anschuldigung, die Ihre Schwiegereltern in die Defensive drängt. „Ich bin frustriert, wenn Karen mir sagt, dass du ihr bei jedem Gespräch von dem Alkoholproblem und den Beschimpfungen deines Mannes erzählst. Deshalb frage ich mich, ob du unsere Hilfe brauchst und was wir für dich tun können." Diese Worte des Ehemannes aus dem oben geschilderten Beispiel könnten den Weg zu einem konstruktiven Gespräch ebnen.

Die richtige Verhandlungsstrategie

Ein weiterer Bestandteil einer guten Beziehung zu Ihren Schwiegereltern ist eine gute „Verhandlungstaktik". Eine Verhandlung beginnt mit einem Vorschlag. Zum Beispiel sagte Michael zu seinen Schwiegereltern: „Ich weiß, dass ihr uns am ersten Weihnachtsfeiertag bei euch haben möchtet, weil die ganze Familie da ist. Meine Eltern haben natürlich den gleichen Wunsch. Weil ihr aber so weit weg von uns wohnt, können wir nicht gleichzeitig bei euch und bei meinen Eltern sein. Deshalb überlege ich mir, ob wir uns nicht zu Weihnachten und beim Erntedankfest abwechseln können. Wir könnten Weihnachten bei euch sein und das Erntedankfest bei meinen Eltern verbringen. Im nächsten Jahr würden wir es dann umgekehrt machen. Ich möchte gern eine Lösung finden, mit der beide Familien zufrieden sind."

Michael hat einen Vorschlag gemacht. Jetzt haben seine Schwiegereltern die Möglichkeit, diesen Vorschlag anzunehmen, abzuwandeln oder einen eigenen Vorschlag zu machen. Der Prozess des Zuhörens und des Respekts vor den Gedanken des anderen hält die Verhandlung am Laufen. Schließlich entsteht gemeinsam eine Lösung, der alle zustimmen können. Dadurch werden die Beziehungen innerhalb der Familie verbessert. Es ist immer erforderlich, bei unterschiedlichen Auffassungen über die Gestaltung von Feiertagen, über bestimmte Erwartungen, Verhaltensweisen und religiöse Überzeugungen Kompromisse zu finden. Nicht umsonst heißt es in der Bibel: „Wie schön und angenehm ist es, wenn Brüder in Frieden zusammen leben"[1]. Friedliches Zusammenleben erfordert Verhandlungen zwischen den Parteien. Eine Verhandlung ist dann Erfolg versprechend, wenn Sie Ihre Gesprächspartner um etwas bitten anstatt etwas von ihnen zu fordern. So sagt Tim zu seinen Eltern: „Wir freuen uns sehr, wenn ihr bei uns vorbeikommt. Und selbstverständlich wollen wir gerne Zeit mit euch verbringen. Aber ich habe eine Bitte: Könnt ihr uns vorher anrufen und fragen, ob es bei uns passt? Ich frage deshalb, weil ich letzten Donnerstagabend, als ihr überraschend vorbeigekommen seid, bis Mitternacht aufbleiben musste, um den Bericht fertig zu machen, den ich am nächsten Tag im Büro vorlegen musste. Am Freitagabend hätte es mir viel besser gepasst. Ist es für euch machbar, vor einem Besuch kurz bei uns anzurufen?"

Tim hat einen Vorschlag gemacht und eine Bitte geäußert. Seine Eltern können dieser Bitte nun zustimmen. Sie können die Bitte auch ablehnen oder aber einen Gegenvorschlag machen. Zum Beispiel könnte man sich auf einen bestimmten Abend für einen Besuch einigen, es sei denn, es gäbe einen Grund, einen anderen Abend zu vereinbaren. Indem er eine Bitte und keine Forderung geäußert hat, hat Tim die gute Beziehung zu seinen Eltern gestärkt.

Lernen Sie die Liebessprache Ihrer Schwiegereltern

Mein letzter Vorschlag für eine gute und positive Beziehung zu Ihren Schwiegereltern lautet: Lernen Sie die wichtigste Liebessprache Ihrer Schwiegereltern und sprechen Sie diese Sprache regelmäßig. Wenn sich Ihre Schwiegereltern wirklich geliebt fühlen, entsteht ein positives Klima, in dem man über Reibungspunkte verhandeln kann. Nichts vermittelt das Gefühl von Liebe besser als die richtige Liebessprache. Wenn Sie die Liebessprache Ihrer Schwiegereltern nicht kennen, könnten Sie ihnen ein Exemplar von *Die fünf Sprachen der Liebe* schenken. Wenn sie das Buch gelesen und das zugrunde liegende Konzept verstanden haben, möchten

> Wenn Familien es verstehen, Liebe auf die richtige Art auszudrücken, entsteht auch eine positive Beziehung zu den Schwiegereltern.

sie vielleicht über ihre wichtigsten Liebessprachen reden. Sie können mit ihnen auch über Ihre eigenen Liebessprachen sprechen. Wenn Familien es verstehen, Liebe auf die richtige Art auszudrücken, entsteht auch eine positive Beziehung zu den Schwiegereltern.

Karolyn und ich hatten keine besonders traumatischen Erlebnisse in unserem Verhältnis zu unseren beiden Familien. In den ersten beiden Jahren unserer Ehe wohnten wir über dreitausend Kilometer von ihnen entfernt. Wir verbrachten nur die Weihnachtsfeiertage zu Hause. Unsere beiden Familien wohnten in derselben Stadt. Meine Familie feierte das Fest an Heiligabend, Karolyns Eltern am ersten Weihnachtsfeiertag. Deshalb war unsere Beziehung zu unseren Schwiegereltern distanziert, aber positiv.

Karolyns Vater starb noch vor unserer Hochzeit. Als ich mein Studium abschloss und wir in die Nähe unserer Familien zogen, wurde meine Schwiegermutter mein größter Fan. Ihre Liebessprache lautete *Hilfsbereitschaft*. Nachdem ich ihr das Haus gestrichen hatte, konnte ich in ihren Augen nichts mehr falsch machen. Meine Eltern waren hilfsbereit, uns gegenüber positiv eingestellt, und sie hielten sich mit guten Ratschlägen zurück. Wenn es Konflikte zwischen Karolyn und meinen Eltern oder zwischen Karolyns Mutter und mir gegeben hätte, wäre ich nicht darauf vorbereitet gewesen. Ich wäre nicht darauf vorbereitet gewesen, Konflikte mit den Schwiegereltern zu bewältigen. Für Karolyn und mich war das nie ein Thema. Heute weiß ich, wie naiv wir waren. Die unzähligen Ehepaare, die mit ihren Problemen in meine Eheberatung gekommen sind, haben mir die Augen geöffnet. Wir waren die berühmte Ausnahme, die die Regel bestätigt. Für eine gute Beziehung zu den Schwiegereltern muss man häufig eine Menge Zeit und Mühe investieren.

Ich hoffe, dass dieses Kapitel Ihnen beiden hilft, potenzielle Reibungspunkte in Ihrem Verhältnis zu Ihren Familien aufzudecken und darüber zu reden, wie Sie mit diesen Problemen umgehen können. Je gründlicher Sie sich vor der Ehe darauf vorbereiten, desto geringer ist die Wahrscheinlichkeit, dass Sie nach der Hochzeit unangenehme Überraschungen erleben.

GESPRÄCHSSTOFF

 1. Sprechen Sie darüber, wie Ihre Familien Weihnachten und andere wichtige Feiertage feiern. Sprechen Sie über mögliche Konflikte.

 2. Welche überlieferten Traditionen gibt es in Ihren Familien? Diese Traditionen müssen nicht Geburtstage oder Feiertage betreffen, aber dennoch sind sie von großer Bedeutung für Ihre Angehörigen.

 3. Versuchen Sie herauszufinden, welche Erwartungen Ihre Schwiegereltern nach der Hochzeit an Sie haben könnten. Wenn Sie verheiratete Geschwister oder Freunde haben, können Sie mit ihnen über die Erwartungen sprechen, mit denen sie vonseiten ihrer Eltern und Schwiegereltern konfrontiert wurden.

 4. Wie jeder andere Mensch auch haben alle Schwiegereltern bestimmte Verhaltensmuster. Manche von ihnen sind positiv – zum Beispiel, wenn sie jeden Samstag Fußball spielen. Andere wieder sind negativ – zum Beispiel, wenn sie sich jeden Donnerstagabend betrinken. Welche Verhaltensmuster beobachten Sie bei Ihren Eltern? Sprechen Sie darüber, auch über die Dinge, die Sie irritieren könnten.

 5. Welche religiösen Überzeugungen haben Ihre Eltern? Sprechen Sie darüber, auch über die Punkte, bei denen Sie oder Ihr Partner sich unwohl fühlen könnten.

 6. Können Sie zunächst Ihre Meinung für sich behalten, wenn Ihre Eltern Gedanken äußern, mit denen Sie nicht einverstanden sind? Können Sie einfühlsam zuhören, um

vernünftig reagieren zu können? Finden Sie gemeinsam anschauliche Beispiele von Situationen, in denen Sie gut oder nicht so gut zugehört haben.

7. Wie gut verstehen Sie es, in einem normalen Gespräch Ihre eigene Meinung zu äußern? Wie oft beginnen Sie bei einer Meinungsverschiedenheit Ihre Sätze mit „du" oder „ihr" anstatt mit „ich"? Besprechen Sie dieses Problem und lernen Sie, Ihre eigene Meinung zu äußern.

8. Wenn zwei Menschen verschiedener Meinung sind, muss verhandelt werden. Im Prozess des Verhandelns muss jemand einen Vorschlag machen, sich Gegenvorschläge anhören und eine Lösung erarbeiten, mit der jeder einverstanden sein kann. Wie gut waren Sie in der Vergangenheit bei solchen Verhandlungen? Sprechen Sie miteinander über Ihre Erinnerungen an solche Fälle.

9. Ein Gespräch zur Kompromissfindung läuft besser, wenn Sie *Bitten* anstelle von *Forderungen* äußern. Denken Sie zurück an Gespräche, in denen Ihre Bitten in den Ohren Ihres Gegenübers wie Forderungen geklungen haben. Versuchen Sie gemeinsam, Ihren Wunsch umzuformulieren, damit er wie eine Bitte klingt.

10. Kennen Sie die wichtigste Liebessprache Ihrer Eltern? Kennen Sie die Liebessprache Ihrer Schwiegereltern? Wenn ja, wie gut sprechen Sie diese Liebessprachen? Wenn nicht, was wollen Sie tun, um die Liebessprachen beider Elternpaare zu entdecken?

KAPITEL 11

Wenn ich das vorher gewusst hätte …

Glaube ist nicht gleich Gottesdienstbesuch

Neun Monate nach ihrer Hochzeit saßen Jenny und Mark in meinem Büro.

Jenny sagte: „Wir haben ein Problem und wir wissen nicht, wie wir es lösen können."

„Was ist Ihr Problem?", wollte ich wissen.

„Mark will nicht mehr mit mir zum Gottesdienst gehen. Er meint, dass es in der Gemeinde langweilig ist und er sich auf dem Golfplatz Gott näher fühlt als im Gottesdienst. Seit letztem Monat fährt er zum Golfspielen und ich fahre in die Gemeinde. Aber das kann doch nicht richtig sein. Ich hätte nie gedacht, dass es so weit kommen kann. Bevor wir geheiratet haben, ist Mark jeden Sonntag mit mir zum Gottesdienst gegangen. Scheinbar hat es ihm immer gefallen. Wir haben uns auch immer über die Predigten unterhalten. Er hat mir gesagt, dass er Christ ist, aber wie kann man als Christ keinen Gottesdienst besuchen wollen? Er meint, dass ich ihn deswegen verurteile, und vielleicht hat er recht. Aber mich hat das tief getroffen. Vielleicht war es ein Fehler, ihn zu heiraten."

Für Jenny schien sich alles am Thema Gottesdienstbesuch zu entscheiden. Aber Mark hatte eine völlig andere Sichtweise in Bezug auf den Glauben. Er war nicht in einer christlichen Familie aufgewachsen. Während seines Studiums bekam er Kontakt zu einem Studentenhauskreis. Nachdem er mehrere Monate lang den Hauskreis besucht, die Bibel und christliche Bücher gelesen hatte, interessierte er sich sehr für den Glauben. Als er und Jenny sich kennenlernten, ging er mit ihr zusammen jeden Sonntag zum Gottesdienst. Weil für ihn alles neu war, fand er die Gottesdienste interessant. Aber nachdem er sein Studium abgeschlossen hatte und in seinem Beruf arbeitete, hatten ihm die Gottesdienste nichts Neues mehr zu bieten. Die Predigten empfand er als wenig hilfreich. Er meinte es ehrlich, wenn er sagte, dass er sich Gott auf dem Golfplatz näher fühlte als in der Gemeinde. Er konnte nicht begreifen, warum der Gottesdienstbesuch für Jenny so eine große Sache war.

Jenny fühlte sich jedoch am Boden zerstört. Der Gottesdienstbesuch und die Gemeinschaft mit anderen Christen gehörten zu ihren Glaubensgrundsätzen. Für einen guten Christen war es ihrer Meinung nach undenkbar, nicht in den Gottesdienst zu gehen.

„Was machen wir denn, wenn wir Kinder haben?", fragte sie. „Es ist für mich undenkbar, dass meine Kinder nicht zu einer Gemeinde gehören."

Ich merkte, dass Mark langsam ungehalten wurde.

„Jenny, noch haben wir keine Kinder", erwiderte er. „Dieses Thema wird doch erst aktuell, wenn es so weit ist."

Mark und Jenny sind nur eines von vielen Ehepaaren, die im Laufe der Jahre zur Eheberatung kamen und mir ihre Auseinandersetzungen über ihre unterschiedlichen Glaubensauffassungen anvertrauten. Bei vielen dieser Paare spielte der Glaube vor der Hochzeit häufig nur eine untergeordnete Rolle. Sie schaffen es nicht, über ihre Glaubensauffassungen zu sprechen. Für mich als Eheberater und Seelsorger ist diese Tatsache immer wieder aufs Neue enttäuschend. Weil ich unter anderem auch Anthropologie studiert habe, faszinieren mich die Entdeckungen, die Wissenschaftler in den unterschiedlichsten Kulturen machen. Zu diesen Entdeckungen gehört die Erkenntnis, dass der Mensch von seinem Wesen her religiös ist. Jede Kultur hat ein System des Glaubens an die nichtmaterielle Welt entwickelt. Von der Verehrung, die die Römer mythischen Göttergestalten entgegengebracht haben, bis hin zum Glauben an böse Geister in manchen Kulturen – der Mensch glaubt, dass es mehr gibt als das, was wir vor Augen haben. Die Anthropologen haben noch eine weitere Entdeckung gemacht: Diese religiösen Auffassungen beeinflussen das Verhalten der Menschen, die sie vertreten. Das trifft sowohl auf die sogenannten primitiven Religionen zu als auch auf

> Die entscheidende Frage lautet: „Passen unsere Glaubensauffassungen zusammen?"

die großen Weltreligionen wie das Judentum, das Christentum, den Buddhismus, Hinduismus und den Islam. Unsere religiösen Auffassungen prägen die Art, wie wir unser Leben gestalten.

Wenn junge Paare ihre gemeinsame Zukunft planen, sollte deshalb die Religion einen der ersten Plätze auf der Liste der Fragen haben, die unbedingt besprochen werden müssen. Die entscheidende Frage lautet: „Passen unsere Glaubensauffassungen zusammen?" oder: „Sind wir auf derselben Wellenlänge?" Nur wenige Dinge bergen in einer Ehe so großes Konfliktpotenzial wie unterschiedliche Glaubensauffassungen. Deshalb gibt es in den meisten Weltreligionen die Empfehlung, „Mischehen" zu vermeiden. Für die Anhänger des christlichen Glaubens lautet eine Ermahnung: „Macht nicht gemeinsame Sachen mit Leuten, die nicht an Christus glauben. Gottes Gerechtigkeit und die Gesetzlosigkeit dieser Welt haben so wenig miteinander zu tun wie das Licht mit der Finsternis. Wird Christus jemals mit dem Teufel übereinstimmen? Oder was verbindet einen an Christus Glaubenden mit einem Ungläubigen? Was haben Götzenbilder mit dem Tempel Gottes zu tun?"[1] Das sind einleuchtende Fragen, und ein kluges Paar sollte sich ihnen stellen.

Was denken Sie über Gott?

Mit welchen Punkten sollte man sich näher befassen? Da ist zum Ersten unsere *Vorstellung von Gott*. Die Bibel beginnt mit den Worten: „Am Anfang schuf Gott Himmel und Erde."[2] Ein paar Absätze später lesen wir: „So schuf Gott den Menschen als sein Ebenbild, als Mann und Frau schuf er sie."[3] Soll man diese Worte wörtlich nehmen? Gibt es einen transzendenten, mächtigen Schöpfergott, der nicht nur das Universum, sondern auch den Menschen nach seinem Bild geschaffen hat? Oder handelt es sich bei diesen Texten bloß um hebräische Mythologie? Ihre Antwort auf diese Fragen hat entscheidenden Einfluss auf Ihr Selbstverständnis und Ihre Art zu leben. Wenn Sie glauben können, dass Gott als Schöpfer und Erhalter des Universums existiert, stellt sich gleich die nächste Frage: Hat Gott gesprochen? Das Neue Testament gibt uns auf diese Frage eine Antwort: „Immer wieder hat Gott vor unserer Zeit auf unterschiedliche Art und Weise durch die Propheten zu unseren Vätern gesprochen. Doch jetzt, in diesen letzten Tagen, sprach Gott durch seinen Sohn Jesus Christus zu uns. Durch ihn schuf Gott die Welt, und ihn hat er auch zum Erben über diese Welt eingesetzt. In dem Sohn zeigt sich die göttliche Herrlichkeit seines Vaters, denn er ist ganz und gar nicht Gottes Ebenbild. Sein Wort ist die Kraft, die das Weltall zusammenhält. Durch seinen Tod hat er uns von der Last unserer Schuld befreit und nun den Ehrenplatz an der Seite Gottes eingenommen, dem alle Macht gehört."⁴ Christen glauben deshalb, dass Gott im alten Israel durch die Propheten gesprochen hat, wie das Alte Testament berichtet, und dass Jesus Christus der prophezeite Messias, der Sohn Gottes, ist und die Strafe für die Übertretungen der Menschheit auf sich genommen hat, damit Gott uns Menschen vergeben und dennoch ein gerechter Gott bleiben kann. Aus diesem Grund laden Christen alle ihre Mitmenschen ein, Jesus Christus als ihren Erlöser anzuerkennen, die von Gott angebotene Vergebung anzunehmen und eine Liebesbeziehung zu ihm aufzubauen.

Die Antworten auf die folgenden Fragen zeigen Ihnen, bis zu welchem Grad Ihre Glaubensauffassung mit der Ihres Partners übereinstimmen: Gibt es einen Gott, der das Universum geschaffen und den Menschen nach seinem Bild gemacht hat? Hat dieser Gott gesprochen? Wenn ja, wie hat er gesprochen? Was hat er gesagt, und wie reagiere ich auf seine Botschaft? Diese grundlegenden Fragen sollten offen und ehrlich beantwortet werden.

Ich beobachte immer wieder, dass viele junge Menschen das Erwachsenenalter erreichen, ohne ihre eigene Glaubensauffassung jemals hinterfragt zu haben. Sie nennen sich Buddhisten, Hindus oder Christen, aber nur deshalb, weil sie in einer buddhistischen, hinduistischen oder christlichen Familie aufgewachsen sind. Sie sind Buddhisten, Hindus oder Christen, weil sie zu dem jeweiligen Kulturkreis gehören. Aber sie haben sich nicht von sich aus mit den Grundlagen ihrer Religion auseinandergesetzt. Wir können uns unsere Familie nicht aussuchen und auch nicht die Religion, in die wir hineingeboren werden. Aber als erwachsene Menschen haben wir die Pflicht, in allen Lebensbereichen nach der Wahrheit zu suchen. Wenn Sie erkennen, dass Ihre Religion bloß ein Produkt Ihres kulturellen Umfelds ist, möchte ich Ihnen empfehlen,

> Wenn Sie vor der Ehe nicht offen und ehrlich über Ihre Glaubensauffassungen reden können, ist die Wahrscheinlichkeit gering, dass Sie nach der Hochzeit dazu in der Lage sein werden.

sich mit der Geschichte und den Glaubensauffassungen Ihres religiösen Erbes auseinanderzusetzen und mit Ihrem Freund oder Ihrer Freundin offen über Ihre Suche nach der Wahrheit zu sprechen. Wenn Sie vor der Ehe nicht offen und ehrlich über Ihre Glaubensauffassungen reden können, ist die Wahrscheinlichkeit gering, dass Sie nach der Hochzeit dazu in der Lage sein werden. Dann wird Ihre religiöse Überzeugung mit Sicherheit zu einem Konfliktherd werden.

Alle Spielarten ausloten

Da sich in unserer westlichen Kultur ein Großteil der Bevölkerung zum Christentum bekennt und ich selbst ebenfalls von einem christlichen Elternhaus geprägt bin, möchte ich weitere Punkte untersuchen, die meiner Meinung nach vor einer Heirat unbedingt angesprochen werden sollten. Wir alle wissen, dass es innerhalb der weltweiten christlichen Gemeinde viele verschiedene Sorten von Christen gibt. Die drei bedeutendsten Richtungen sind die östlich-orthodoxen Kirchen, die römisch-katholische Kirche und der Protestantismus. In diesen drei Hauptrichtungen herrscht zwar Einigkeit über bestimmte Kernpunkte des Glaubens wie die Göttlichkeit Jesu Christi, sein Opfertod und seine Auferstehung von den Toten, aber in vielen anderen Fragen ist man sich uneinig. Wenn Sie eine Heirat mit jemandem planen, der nicht zu Ihrer eigenen Glaubensrichtung gehört, empfehle ich Ihnen, dass Sie gemeinsam Ihre unterschiedlichen Traditionen besprechen und sich über die Unterschiede austauschen. Es ist ein Zeichen von Unreife, wenn Sie heiraten, bloß weil Sie „verliebt" sind und meinen, die Auswirkungen dieser Unterschiede ausblenden zu können.

Sollten Sie beide zur gleichen Glaubensrichtung innerhalb des Christentums gehören, ist es an der Zeit, die Feinheiten des Glaubens und des Glaubenslebens zu erkunden. Innerhalb der orthodoxen Kirchen gibt es die griechisch-orthodoxe, die russisch-orthodoxe, die armenisch-orthodoxe und noch weitere Richtungen. Jede Spielart des christlichen Glaubens hat ihre eigene Überzeugung und Glaubenspraxis, die von Land zu Land verschieden sein können, und manchmal sogar innerhalb desselben Landes. So gibt es zum Beispiel in Amerika seit noch nicht allzu langer Zeit unter römisch-katholischen Christen eine starke charismatische Bewegung. Innerhalb des Protestantismus gibt es viele unterschiedliche Konfessionen wie die Landeskirchen, die freien Gemeinden, die Baptisten und die Methodisten, um nur einige wenige zu nennen. Dann gibt es noch eine große Gruppe von christlichen Gemeinden, die sich zu keiner bestimmten Konfession zugehörig fühlen. Diese Unterschiede müssen gründlich ausgelotet werden, wenn Sie vorhaben zu heiraten.

Welche Art von „Christ" sind Sie?

Bisher habe ich über theologische Unterschiede der verschiedenen Glaubensprägungen gesprochen, aber jetzt möchte ich mich der persönlichen Seite widmen. Es ist für uns klar erkennbar, dass es unter Christen unterschiedliche Ausprägungen des Glaubenslebens gibt. Manche Leute nennen sich Christen, aber sie gehen nur an Feiertagen in den Gottesdienst. Außerhalb der Feiertage hat ihre Religion fast keine Auswirkung auf ihr Leben. Es gibt aber auch viele Christen, die regelmäßig einen Gottesdienst besuchen. Für manche handelt es sich dabei um eine einmal wöchentlich stattfindende Veranstaltung, die eine bis drei Stunden dauern kann, je nachdem, wie die Gottesdienste gestaltet werden. Andere wieder nehmen nicht nur an Gottesdiensten teil, sondern auch an Haus- oder Gesprächskreisen, in denen nicht nur Unterstützung im persönlichen Glaubensleben angeboten wird, sondern auch untersucht wird, inwieweit sich die Lehren der Bibel auf das eigene Leben anwenden lassen. Diese Leute haben eine persönliche Bindung zu den anderen Teilnehmern des Bibelkreises. Sie sind auch bereit, füreinander Opfer zu bringen. Sie gehen offen und ehrlich miteinander um, und sie engagieren sich häufig für andere Menschen in ihrem Umfeld. Viele dieser Christen nehmen sich täglich Zeit für eine persönliche Andacht, in der sie ganz bewusst die Bibel lesen, um die Stimme Gottes zu hören. Sie reagieren auf das Wirken Gottes mit aufrichtigen Fragen, Lobpreis, Dank oder auch Bitten um Hilfe. Für sie ist Glaube eine persönliche Liebesbeziehung zu Jesus Christus. Diese tägliche „stille Zeit" ist für sie der wichtigste Bestandteil in ihrem Tagesablauf.

Aus diesen Gründen ist es extrem wichtig zu wissen, zu welcher Art von Christ Ihr Partner gehört. Wie stark bringt er sich in seiner Gemeinde mit ein? Wie wichtig ist ihm/ihr der Glaube? Und wie wirkt sich dieser Glaube auf das Privatleben aus? Ich erinnere mich noch gut an die junge Frau, die zu mir sagte: „Ich bin jetzt drei Jahre lang mit

Andrew befreundet. Am Anfang unserer Freundschaft sagte er mir, dass er Christ ist. Wir haben viele gemeinsame Interessen und wir haben viel Schönes zusammen erlebt. Aber ich habe gemerkt, dass wir nicht auf der gleichen Wellenlänge sind, wenn es um den Glauben geht. Für ihn ist das Christentum eine Religion, die man an Sonntagen praktiziert, die aber keine Bedeutung hat, wenn es um persönliche Entscheidungen oder den Lebensstil geht. Für mich dagegen ist das Christentum nicht wegzudenken aus meinem Leben. Nichts ist mir wichtiger, als Jesus Christus zu dienen. Andrew und ich haben keine gemeinsame Basis. Uns fehlt das Fundament, um eine christliche Ehe aufzubauen. Deshalb will ich unsere Beziehung beenden."

> Für viele Paare ist der Glaube ein weißer Fleck auf der Landkarte ihrer Beziehung.

Ich finde, dass diese junge Frau mit ihrer Entscheidung eine große Reife bewiesen hat. Wenn sie nach drei Jahren gemerkt hat, dass ihr Freund nur wenig Bereitschaft gezeigt hat, seine Beziehung zu Gott intensiver zu gestalten, dann wäre es naiv gewesen anzunehmen, dass sich das nach der Hochzeit ändern würde. Drei Jahre später heiratete sie einen jungen Mann, der in seinem Glaubensleben eine ähnliche Ausrichtung hatte wie sie. Für viele Paare ist der Glaube ein weißer Fleck auf der Landkarte ihrer Beziehung. Sie gehen davon aus, dass sich dieser Lebensbereich nach der Hochzeit ganz von alleine regelt. Andere, die offen über Glaubensfragen sprechen, ignorieren die Warnsignale. Sie sind so sehr ineinander verliebt, so gerne zusammen. Sie meinen, sie könnten bis an ihr Lebensende miteinander glücklich sein. Deshalb verschließen sie die Augen vor den unüberbrückbaren Unterschieden in ihren Glaubensauffassungen.

Jenny und Mark, denen wir am Anfang dieses Kapitels begegnet sind, entdeckten schließlich doch Gemeinsamkeiten in Glaubensfragen. Nach mehreren Gesprächen, in denen ich ihnen half, wirklich zu verstehen, wie wichtig ihnen beiden dieses Thema war, konnten sie sich gemeinsam ihre Bedenken formulieren. Sie sahen sich nicht mehr als Feinde, sondern als Freunde. Sobald aus ihrer Gegnerschaft eine Freundschaft geworden war, in der jeder versuchte, den anderen zu verstehen und einen Konflikt zu lösen anstatt aus einem Streit als Sieger hervorzugehen, fanden beide bald eine einfache Lösung ihres Problems. Mark erklärte sich bereit, mit seinem sonntäglichen Golfspiel aufzuhören und zusammen mit Jenny den Gottesdienst zu besuchen. Jenny wiederum wollte gemeinsam mit Mark nach einer Gemeinde suchen, in der er sich wohlfühlen würde. Tatsächlich fanden sie eine solche Gemeinde. Heute besuchen sie nicht nur regelmäßig die Gottesdienste, sondern arbeiten auch beim Kindergottesdienst mit. Übrigens haben sie inzwischen einen drei Jahre alten Sohn. Heute sind beide froh, dass sie sich bereits vor der Geburt ihres Sohnes über ihren gemeinsamen Glaubensweg einigen konnten.

Religiöse Auffassungen gehen häufig einher mit starken Gefühlen und tief verwurzelten Überzeugungen. Sogar Atheisten halten oft hartnäckig an ihrer Überzeugung fest, dass es keinen Gott geben kann. Diese Sichtweise prägt auch die Art, wie sie ihr Leben gestalten. Obwohl sie die Existenz Gottes leugnen, sind sie in gewisser Weise zutiefst religiös. Weil unsere religiösen Auffassungen unser ganzes Leben prägen, ist es sehr wichtig, dass wir unser Glaubensfundament erkennen, bevor wir uns enger binden und eine Heirat in Erwägung ziehen. Ich hoffe, dass Ihnen dieses Kapitel dabei helfen wird.

GESPRÄCHSSTOFF

 1. Welche grundlegenden Glaubensauffassungen haben Ihre Eltern?

 2. Wo befinden Sie sich gerade auf Ihrem eigenen Glaubensweg? Wie reagieren Sie auf die religiösen Überzeugungen, die Ihnen in der Kindheit vermittelt wurden? Stehen Sie noch völlig überzeugt dahinter? Lehnen Sie den Glauben Ihrer Eltern ab oder sehen Sie heute vieles anders?

 3. Welche Ansichten haben Sie über Gott?

 4. Zu welcher Art von Gemeinde fühlen Sie sich zugehörig? Wie stark ist Ihr eigenes Engagement?

 5. Wie stark wird Ihr Alltag von Ihren Glaubensauffassungen geprägt?

 6. Besprechen Sie Ihre Antworten mit Ihrem Partner bzw. Ihrer Partnerin, wenn Sie heiraten wollen.

 7. Glauben Sie, dass Sie eine gute Grundlage für ein gemeinsames Glaubensleben in der Ehe haben?

KAPITEL 12

Wenn ich das vorher gewusst hätte …

Unsere Persönlichkeit prägt unser Verhalten

Niemand bezweifelt den Grundsatz, dass jeder von uns einzigartig ist. Die Frage ist nur: Wie einzigartig? Ich wünschte, ich hätte gewusst, dass unsere Persönlichkeit (die Wesenszüge, die uns einzigartig machen) einen so tief greifenden Einfluss auf unsere Ehe haben würden. Vor unserer Hochzeit träumte ich davon, wie wundervoll es sein würde, jeden Morgen aufzustehen und zusammen mit meiner Frau am Frühstückstisch zu sitzen. Nach der Hochzeit fand ich jedoch heraus, dass Karolyn kein Morgenmensch ist. Frühstücken sei so gar nicht „ihr Ding", meinte sie. Als ich darüber nachdachte, erinnerte ich mich daran, dass sie mir in den Jahren unserer Freundschaft und Verlobungszeit gesagt hatte: „Ruf mich morgens bloß nicht an. Vor zwölf Uhr mittags bin ich nicht ansprechbar und ich weiß nicht, was ich sage." Ich hatte diese Worte für einen Spaß gehalten und gelacht. Schließlich rief ich sie morgens nie an, weil ich zu sehr mit meinen eigenen Sachen beschäftigt war. Doch nach der Hochzeit fand ich heraus, dass sie es ernst gemeint hatte. Mein Traum von einem netten, romantischen Frühstück zu zweit zerplatzte im ersten Monat unserer Ehe wie eine Seifenblase. Unser Frühstück verlief schweigend, nur unterbrochen vom Vogelgezwitscher vor unserem Fenster.

Vor unserer Hochzeit malte sich Karolyn aus, was wir zwei zwischen zweiundzwanzig Uhr und Mitternacht machen würden. Sie stellte sich vor, wie wir gemeinsam Bücher lesen und über den Inhalt diskutieren würden, zusammen Filme anschauen, unterhaltsame Gesellschaftsspiele spielen und tiefsinnige Gespräche über Lebensfragen führen würden. Sie wusste jedoch nicht, dass um zehn Uhr abends mein körperlicher, emotionaler und intellektueller Motor zum Stillstand kommt. Nach diesem Zeitpunkt ist es mir kaum noch möglich, ein vernünftiges Gespräch zu führen. Natürlich war das anders, als wir verlobt waren. Da war ich bis Mitternacht hellwach. Aber damals wurde ich von den euphorischen Gefühlen meiner Verliebtheit angetrieben. Das Zusammensein mit Karolyn gab mir den nötigen Adrenalinschub, aber sie wusste noch nicht, dass dieser Zustand nach der Hochzeit nicht lange anhalten würde.

Vor der Ehe wussten wir beide nicht, dass es „Morgenmenschen" und „Nachtmenschen" gibt. Morgenmenschen erwachen mit der Begeisterung eines Kängurus. Sie springen auf, um den Tag voller Energie zu beginnen. Der Nachtmensch dagegen zieht sich die Decke über den Kopf und stöhnt: „Das meint er doch nicht ernst – er kann doch nicht jetzt schon so gut drauf sein." Nachtmenschen haben ihr „Leistungshoch" von zweiundzwanzig Uhr bis … Das ist für sie die beste Zeit zum Lesen, Malen, Spielen. Alle Tätigkeiten, für die viel Energie gebraucht wird, fallen ihnen leicht, während der Morgenmensch um diese Zeit kaum noch die Augen offen halten kann.

> Aus einem Morgenmenschen wird niemals ein Nachtmensch und ein Nachtmensch wird nie zu einem Morgenmenschen.

Diese unterschiedlichen Persönlichkeitstypen können auch die sexuelle Beziehung eines Ehepaares belasten. Der Morgenmensch will um zweiundzwanzig Uhr im Bett liegen, mit dem Partner oder der Partnerin kuscheln bis hin zum Liebesakt. Der Nachtmensch dagegen sagt: „Du machst wohl Witze. Ich kann doch nicht so früh ins Bett gehen." Der Morgenmensch fühlt sich durch eine solche Reaktion eventuell zurückgewiesen, während der Nachtmensch meint, dass er vom anderen überwacht wird. Diese Diskrepanzen können zu Streitigkeiten und Frustration führen. Gibt es für ein so grundverschiedenes Ehepaar dennoch Hoffnung?

Ja, es gibt Hoffnung, wenn die beiden sich entschließen, diese Unterschiede zu respektieren und gemeinsam nach einer Lösung zu suchen. So könnte sich der Nachtmensch bereit erklären, um zweiundzwanzig Uhr mit ins Bett zu gehen, Sex zu haben, wenn der Morgenmensch es zulässt, dass der Nachtmensch nach dem Sex das Schlafzimmer verlässt. Wenn jedoch der Morgenmensch darauf besteht, dass der Nacht-

mensch nach dem Liebesakt bei ihm bleibt, könnte sich der Nachtmensch manipuliert und überwacht fühlen und deswegen frustriert
sein. Aus einem Morgenmenschen wird niemals ein Nachtmensch und
ein Nachtmensch wird nie zu einem Morgenmenschen. Diese Ver-
anlagung gehört zu unserer Persönlichkeit. Wenn wir uns bemühen,
können wir uns dazu zwingen, auch dann zu „funktionieren", wenn
wir normalerweise nicht unser Leistungshoch haben, aber so etwas ist
immer mit Anstrengung verbunden.

Wenn Karolyn und ich gewusst hätten, dass ich ein Morgenmensch
bin und sie ein Nachtmensch und wenn wir unsere Verlobungszeit
genutzt hätten, um über diese Unterschiede zu sprechen, hätten wir
uns eine Menge Kummer erspart. Ich hätte mich nicht zurückgewiesen
gefühlt, weil sie nicht mit mir zusammen frühstücken wollte, und sie
hätte sich nicht überwacht gefühlt, weil ich darauf bestand, dass sie um
zweiundzwanzig Uhr im Bett zu liegen hatte. Ja, hätten wir bloß vorher
gewusst, wie sehr unser Persönlichkeitstyp unser Verhalten prägt.

Halb voll oder halb leer?

Betrachten wir noch ein paar andere Beispiele von Charaktereigenschaften, die vor der Hochzeit häufig nicht bemerkt und auch nicht
miteinander besprochen werden. Der Pessimist und der Optimist fühlen sich oft zueinander hingezogen. Für den Optimisten ist ein Glas
halb voll, während es für den Pessimisten halb leer ist. Der Optimist
sieht die Möglichkeiten, während der Pessimist die Probleme ahnt. Jeder von uns hat einen Hang in die eine oder die andere Richtung, aber
wir machen uns diesen Teil unserer Persönlichkeit oft nicht bewusst.
In der Freundschafts- oder Verlobungsphase unserer Beziehung gehen
wir davon aus, dass der andere die Welt aus demselben Blickwinkel
betrachtet wie wir. Weil wir ineinander verliebt sind und einander gefallen wollen, ist dieser Unterschied eventuell nicht gleich erkennbar.
Der Optimist zum Beispiel ist risikofreudig, weil er davon überzeugt
ist, dass alles gut gehen wird. Deshalb schlägt er seiner Verlobten vielleicht vor, gemeinsam zum Bungee-Springen zu gehen. Seine Verlobte,
die Pessimistin, ist dagegen risikoscheu, weil sie immer das Schlimmste
befürchtet. Deshalb würde sie nie von sich aus auf die Idee kommen,
beim Bungee-Springen mitzumachen. Weil sie jedoch ihren Geliebten
bewundert und ihm vertraut, ist sie zu etwas bereit, was sie norma-

lerweise niemals tun würde. Der Optimist ist außer sich vor Freude, weil seine Verlobte offenbar das Abenteuer liebt. Er denkt nicht daran, dass sie sich aus Liebe zu ihm weit aus ihrer emotionalen Komfortzone herausgewagt hat.

Als er zwei Jahre nach der Hochzeit eine gemeinsame Hochgebirgstour vorschlägt, wehrt sie sich mit Händen und Füßen dagegen. Sie will nicht mitkommen, aber sie will auch nicht, dass er allein oder zusammen mit seinen Freunden auf diese Tour geht. Innerlich sieht sie sich schon als Witwe, und deshalb versteht sie nicht, warum er dieses Risiko eingehen will. Er dagegen ist vollkommen überrascht von ihrer Reaktion. Er fragt sich, wo nur ihre Abenteuerlust geblieben ist. Warum ist sie plötzlich so eine Spaßverderberin? Weil die beiden diese verschiedenen Persönlichkeitstypen nicht vor der Ehe aufgedeckt und angesprochen haben, befinden sie sich jetzt in einem Konflikt, den sie nicht verstehen können. Denn in Wirklichkeit sind beide Charaktere so, wie sie sind, nämlich Optimist und Pessimistin. Ihr Problem besteht darin, dass sie vor der Hochzeit voneinander so gut wie nichts gewusst haben. Die Euphorie ihrer Verliebtheit hat sie blind gemacht. Hätten die zwei vor der Ehe über ihre unterschiedlichen Wesenszüge gesprochen, wäre ihm klar geworden, dass aus ihr niemals eine Bergsteigerin oder Fallschirmspringerin werden würde. Wenn ihn jedoch die Abenteuerlust packen wird, muss er mit großem Widerstand vonseiten seiner Frau rechnen.

In der Freundschafts- oder Verlobungsphase unserer Beziehung gehen wir davon aus, dass der andere die Welt aus demselben Blickwinkel betrachtet wie wir.

Die Unterschiede in der Persönlichkeit können auch zu Konflikten beim Thema Finanzen führen. Der Optimist neigt auch bei Geldanlagen zum Abenteuer und zur Risikobereitschaft, mit der Hoffnung auf hohe Erträge. Der Pessimist dagegen wünscht sich auch bei den Finanzen Stabilität und Sicherheit. Wenn der Ehepartner bei der Geldanlage hohe Risiken eingeht, wird das dem Pessimisten schlaflose Nächte bereiten. Wenn bei der Investition etwas schiefläuft, wirft der Pessimist dem Optimisten vor, dass er das Geld „verspielt" habe. Der Optimist dagegen kritisiert den Pessimisten, weil er ihn an der Entfaltung seiner Ideen und somit am Erfolg hindert.

Bei dieser Problematik liegt die Lösung im Verstehen und Annehmen der verschiedenen Persönlichkeitstypen. Die beiden Partner dürfen sich nicht gegenseitig verurteilen, weil sie so und nicht anders sind. Gemeinsam sollten sie einen Kompromiss finden, mit dessen Hilfe sie ihre Unterschiede würdigen können. Sie könnten sich zum Beispiel über einen Geldbetrag einigen, den sie in eine sichere Geldanlage investieren, bevor der Optimist höhere Risiken eingeht. Sobald dieser Mindestbetrag angelegt ist, könnten sie eine weitere Summe für riskantere Investitionen festlegen, unter der Bedingung, dass der Pessimist dem Optimisten keine Vorwürfe macht, wenn er dabei verliert. Sollte sich das Risiko jedoch ausgezahlt haben, lobt der Pessimist das Finanzgeschick des Optimisten. Dann können sie gemeinsam ihren Erfolg feiern.

Wenn ein Paar bereit ist, solche Kompromisse vor der Ehe auszuhandeln, ersparen sich beide viele nutzlose Streitereien über den Umgang mit ihrem Geld. Das gleiche Prinzip lässt sich auf viele andere Bereiche anwenden, in denen der Pessimist und der Optimist grundverschiedene Ansichten über die richtige Vorgehensweise haben. Um ein tragfähiges Fundament für eine gesunde Ehe zu schaffen, ist es entscheidend, die unterschiedlichen Persönlichkeitstypen zu verstehen, anzunehmen und dann miteinander Lösungen auszuhandeln.

Ordnungsfanatiker und Chaoten

Dann gibt es noch die Menschen mit einem unterschiedlichen Sinn für Ordnung. „Ich kenne keinen größeren Chaoten als Ben", seufzte Alicia. Wie viele Frauen haben knapp ein Jahr nach der Hochzeit diese Klage über ihren Mann ausgesprochen? Es ist interessant, dass Bens mangelnder Ordnungssinn für Alicia vor der Ehe kein Problem war. Natürlich herrschte in seinem Auto manchmal ein Durcheinander, und seine Wohnung war auch nicht so ordentlich aufgeräumt, wie sie es gerne gehabt hätte. Aber schließlich sagte sie sich: „Ben ist eben viel lockerer als ich. Das gefällt mir. Ich sollte auch manchmal die Dinge entspannt angehen." Für Ben dagegen war Alicia ein Geschenk des Himmels. „Ist es nicht wunderbar, dass Alicia immer so ordentlich ist? Jetzt brauche ich mir keine Gedanken mehr über die Ordnung in der Wohnung zu machen. Sie wird sich darum kümmern." Drei Jahre später wurde er jedoch mit Vorwürfen überschüttet. Er reagierte darauf mit Unverständnis. „Ich verstehe nicht, warum du dich so aufregst, bloß weil das Geschirr noch herumsteht."

Manche Leute leben nach dem Motto: „Alles hat seinen Platz, und alles muss an seinen Platz." Andere dagegen halten es nicht für notwendig, Werkzeug, Kleidungsstücke, gebrauchte Kaffeebecher oder andere Gegenstände wegzuräumen. Man könnte diese Sachen in einer oder zwei Wochen ja wieder brauchen. Ihr Argument lautet: „Es ist doch Zeitverschwendung, jeden Tag die schmutzige Wäsche wegzuräumen. Lass die Sachen ruhig auf dem Boden liegen, bis sie in die Waschmaschine kommen. Mich stört es nicht, wenn alles herumliegt." Ja, wir haben unterschiedliche Ansprüche, was Ordnung betrifft, und es fällt uns schwer zu verstehen, warum der andere nicht so denkt wie wir. Dieser Unterschied ist ziemlich leicht zu entdecken. Sie brauchen in der Zeit vor der Ehe bloß die Augen aufzumachen. Wenn Sie das Auto oder die Wohnung Ihres Partners betrachten, stellen Sie schnell fest, ob er ein Ordnungsfanatiker oder ein Chaot ist. Sehen Sie sich in der Küche oder im Kleiderschrank Ihrer Partnerin um, und Sie werden wissen, welche Art von Ordnungssinn sie hat. Wenn Sie beide zur selben Kategorie gehören, werden beide Wohnungen entweder tadellos aufgeräumt oder in einem chaotischen Zustand sein. Aber Sie werden beide glücklich und zufrieden sein. Wenn Sie jedoch zu verschiedenen Kategorien gehören, sollten Sie schon jetzt mit einem klärenden Gespräch beginnen. Stellen Sie sich der Realität und besprechen Sie, wer nach der Hochzeit wofür verantwortlich ist, um einen gewissen Grad an emotionaler Stabilität zu gewährleisten.

Wenn sie sich bereit erklärt, jeden Tag seine schmutzige Wäsche aufzuheben und sie in den Wäschekorb zu legen, so wie es seine Mutter immer gemacht hat, als er noch bei seinen Eltern wohnte, dann ist das vollkommen in Ordnung. Wenn sie jedoch von ihm etwas mehr Mithilfe erwartet, dann muss er bereit sein, sich zu ändern oder eine Haushaltshilfe zu engagieren, die sich um die Wäsche kümmert. Bestimmt kann eine Lösung ausgehandelt werden, die beide Seiten zufriedenstellt. Aber das sollte vor der Hochzeit geschehen.

Das Tote Meer und der plätschernde Bach

Ein weiterer Bereich der verschiedenen Persönlichkeitstypen betrifft die Kommunikation miteinander. Manche Menschen tragen ihr Herz auf der Zunge. Andere wieder sind nachdenklicher, introvertierter, weniger mitteilsam. Letztere bezeichne ich oft als das „Tote Meer", Erstere als den „plätschernden Bach". In Israel nimmt das Tote Meer Wasser vom Jordan auf. Aber das Tote Meer ist ein stehendes Gewässer. Es fließt kein Wasser ab. Manche Menschen gleichen in ihrer Persönlichkeit dem Toten Meer. Im Laufe eines Tages nehmen sie alle möglichen Gedanken, Gefühle und Erlebnisse auf. Sie haben ein großes Reservoir, in dem sie die Erlebnisse des Tages speichern, aber nicht weitergeben. Wenn man zu einem „Toten Meer" sagt: „Was ist denn los mit dir? Warum bist du heute Abend so schweigsam?", dann lautet die Antwort meistens: „Gar nichts ist los. Was soll denn los sein?" Das „Tote Meer" meint es ehrlich mit seiner Antwort. Er oder sie fühlt sich in dem behaglichen Schweigen wohl.

„Plätschernde Bäche" sind ganz anders. Das, was sie mit den Augen oder Ohren aufnehmen, muss sofort in Reden umgesetzt werden – meistens in weniger als sechzig Sekunden. Wenn ein „plätschernder Bach" etwas sieht oder hört, muss er oder sie darüber reden. Wenn gerade niemand zu Hause ist, greift er zum Telefonhörer und ruft jemanden an.

„Weißt du, was ich gerade eben gehört habe?", lautet die erste Frage. Menschen mit dieser Persönlichkeitsstruktur haben keine Speicherkapazität. Ihre Erlebnisse und Gedanken müssen sofort weitergegeben werden.

Es geschieht häufig, dass ein „Totes Meer" einen „plätschernden Bach" heiratet. Vor der Ehe ist diese Verschiedenheit anziehend. In der Phase der Freundschaft kann sich das „Tote Meer" entspannt zurücklehnen. Man braucht nicht darüber nachzudenken, wie ein Gespräch anzufangen oder in Gang zu halten ist. Menschen mit dieser Persönlichkeitsstruktur brauchen bloß dazusitzen, zustimmend zu nicken und ab und zu ihrem Gegenüber „Ja, klar" oder Ähnliches zu sagen. Der „plätschernde Bach" sorgt schon für eine abendfüllende Unterhaltung. Andererseits fühlt sich der „plätschernde Bach" zum „Toten Meer" ebenfalls hingezogen, weil solche Menschen die besten Zuhörer sind. Aber fünf Jahre nach der Hochzeit sagt der „plätschernde Bach" vielleicht dieses: „Wir sind fünf Jahre verheiratet, aber ich kenne sie nicht." Das „Tote Meer" sagt dagegen: „Ich kenne ihn nur zu gut. Mir wäre es lieber, wenn er seinen Redefluss endlich unterbrechen würde und ich mal meine Ruhe hätte."

Diese unterschiedlichen Persönlichkeitstypen werden ebenfalls erkennbar an der Art, wie eine Geschichte wiedergegeben wird. Der

„plätschernde Bach" gleicht einem Maler. Wenn ein Mensch mit dieser Persönlichkeitsstruktur Ihnen ein Erlebnis schildert, malt er ein buntes, detailliertes Bild von diesem Ereignis. Er erzählt Ihnen, ob es ein sonniger oder trüber Tag war, ob es windstill oder stürmisch war, welche Blumen gerade geblüht haben und wie viele Leute auf der anderen Seite des Parkplatzes standen. Das „Tote Meer" dagegen gleicht eher einem Zeigestock. Dieselbe Geschichte ist viel kürzer und mit weniger Details ausgestattet. Solche Menschen kommen gleich zum Punkt. Sie sind eher am Fazit einer Geschichte interessiert als an den Einzelheiten. In einer Ehe fällt es einem „Zeigestock" sehr schwer, dem langen, ausführlichen Bericht eines „Malers" zuzuhören. Manchmal unterbricht er oder sie den Redefluss mit der Frage: „Kannst du nicht endlich zum Punkt kommen?" Wenn der „Maler" jedoch dem „Zeigestock" zuhört, stellt er oder sie viele Fragen, um sich ein besseres Bild von der Geschichte des „Zeigestocks" machen zu können.

Der „Maler" wird immer ein „Maler" bleiben und der „Zeigestock" immer ein „Zeigestock". Diese persönlichen Sprachmuster werden sich nicht ändern. Auch ist das eine nicht besser als das andere. Wenn wir jedoch diese Unterschiede erkennen, werden wir nicht versuchen, nach der Hochzeit den anderen ändern zu wollen. Das „Tote Meer" wird nie zu einem „plätschernden Bach". Wenn man mit einem „Toten Meer" verheiratet ist, muss man sich damit zufriedengeben, dass der Partner nicht bereitwillig alle Gedanken und Gefühle preisgibt. Die meisten Menschen mit diesem Persönlichkeitstyp sind jedoch offen für Fragen und deshalb mitteilsamer, wenn der „plätschernde Bach" diese Fragen stellt. Das „Tote Meer" ist nicht bewusst zurückhaltend mit Informationen. Ein solcher Mensch wird bloß nicht sofort von sich aus alle seine Gedanken, Gefühle und Erlebnisse mitteilen.

Obwohl das „Tote Meer" sich damit zufriedengibt, dem ständigen Gesprächsfluss des „plätschernden Bachs" zuzuhören, sehnt er sich gelegentlich nach Stille. Deshalb zieht sich das „Tote Meer" ab und zu zurück, um am Computer zu sitzen oder etwas anderes zu tun. Der „plätschernde Bach" sollte Verständnis dafür haben. Dieser zeitweilige Rückzug bedeutet nicht, dass das „Tote Meer" den „plätschernden Bach" ablehnt, sondern dass er diese Momente der Ruhe und Besinnung braucht. Wenn diese unterschiedlichen Persönlichkeitstypen vor der Hochzeit besprochen werden, bereiten sie in der Ehe weniger Probleme.

Passive und aktive Menschen

Ein geflügeltes Wort lautet: „Manche Menschen lesen Geschichtsbücher, andere machen Geschichte." Oft sind diese beiden Menschentypen miteinander verheiratet. Der aktive Partner glaubt, dass jeder Tag eine neue Gelegenheit ist, die „Sache" voranzutreiben. Solche Menschen streben entschlossen nach dem, was sie sich wünschen, nach dem, was in ihren Augen richtig ist oder was ihrer Meinung nach passieren sollte. Sie lassen nichts unversucht, und sie tun alles Menschenmögliche, um ihre Ziele im Leben zu erreichen. Der passive Mensch dagegen lässt sich Zeit zum Nachdenken, zum Analysieren. Er fragt: „Was wäre, wenn …?" und wartet, bis etwas Positives geschieht. Sein Motto lautet: „Man muss nur abwarten können."

Vor der Ehe scheinen sich diese unterschiedlichen Charaktereigenschaften gut zu ergänzen. Der *aktive Partner* empfindet das ruhige, besonnene Wesen des anderen als beruhigend. Es hatte so etwas Sicheres und Verlässliches. Der *passive Partner* dagegen freut sich, dass es jemanden gibt, der Pläne für die gemeinsame Zukunft macht. Es ist bewundernswert, was der aktive Partner alles leisten kann.

Nach der Hochzeit empfindet ein Ehepaar diese Wesenszüge oft als wenig förderlich für die Zweisamkeit. Der aktive Partner versucht ständig, den passiven Partner zum Handeln zu bewegen. „Komm schon, wir können doch was bewegen!", wiederholt der Aktive gebetsmühlenartig. Der Passive sagt dagegen: „Lass uns doch abwarten. Vielleicht ergibt sich später etwas Besseres. Sei doch nicht so hektisch. Alles wird gut."

Sind diese Eigenschaften schon vor der Hochzeit erkennbar? Die Antwort auf diese Frage lautet: Ja, aber diese Unterschiede bleiben oft unerwähnt. Der passive Partner neigt eher dazu, dem aktiven Partner in allem zuzustimmen, das Abenteuer zu genießen und sich von der Woge der euphorischen Gefühle mittragen zu lassen. Deshalb wird der Passive sich nur selten den Ideen des Aktiven widersetzen. Wenn die beiden einen Raum betreten, schätzt der Aktive sofort ab, was zu tun ist. Dann übernimmt er das Kommando, während der Passive sich erst einmal in aller Ruhe umsieht, vielleicht mit Bekannten plaudert und ansonsten abwartet, was der Abend so bringen wird. Der Aktive spannt gerne den passiven Partner für gemeinsame Ziele ein. Weil der Passive in den aktiven Partner verliebt ist, fügt er sich gerne und fühlt sich dabei sogar geschmeichelt.

Obwohl diese beiden Wesenszüge von Natur aus nicht problematisch sind, können sie nach der Hochzeit zu Irritationen führen. Wenn die erste Euphorie der Verliebtheit abgeklungen ist, setzt der Passive dem stetigen Drängen des Aktiven mehr Widerstand entgegen, weil er sich manipuliert fühlt. Der Aktive ist eventuell frustriert oder sogar wütend auf die zögerliche Haltung des Passiven. Natürlich können diese beiden grundverschiedenen Persönlichkeitstypen eine erfolgreiche Ehe führen, aber dann muss der aktive Partner einfühlsam sein und Verständnis für das passive Gegenüber haben. Er muss sich Zeit nehmen, um sich die Bedenken des anderen anzuhören und sogar die Vorzüge erkennen, die dieser passive Persönlichkeitstyp mit in die Ehe bringt. So ist es zum Beispiel immer eine gute Idee, zuerst einmal die Lage zu sondieren, bevor man einen Sprung wagt. Der Passive sondiert die Lage eher als der Aktive. Andererseits muss der passive Typ dem anderen auch erlauben, seine oder ihre Stärken einzusetzen und den Sprung zu wagen, bevor es zu spät ist. Wenn Sie als der passive Typ Bedenken haben, mit Ihrem Partner gemeinsam den Sprung zu wagen, sollten Sie den nötigen Rückhalt geben, während der andere mutig vorangeht. Gemeinsam können Sie viel erreichen im Leben, wenn Sie lernen, sich gegenseitig zu ergänzen und nicht zu bekämpfen. Wenn Sie diese unterschiedlichen Wesenszüge noch vor der Hochzeit ansprechen und in der Zusammenarbeit als Team ein wenig Erfahrung sammeln, kann dieser Unterschied für Sie beide zu einem Gewinn statt zu einem Verlust werden, sobald Sie verheiratet sind.

Professoren und Tänzer

Manche Menschen können von A bis Z logisch denken. In ihrem Denkprozess gehen sie systematisch vor, und dann kommen sie zu einer ihrer Meinung nach logischen Schlussfolgerung. Andere Menschen lassen sich eher von ihrer Intuition leiten. Sie können nicht erklären, warum sie sich so oder anders entscheiden, aber sie wissen ganz einfach, dass es die richtige Entscheidung ist.

Manchmal nenne ich den logisch Denkenden den *Professor*. Für den Professor muss alles begründet werden. „Wir müssen logische Gründe haben für alles, was wir tun. Wenn etwas nicht logisch ist, sollten wir die Finger davon lassen." Der intuitive Mensch gleicht eher einem *Tänzer*. „Wir brauchen doch nicht immer logische Gründe für unser Handeln. Manchmal machen wir einfach etwas, weil es uns Spaß macht. Ich weiß nicht, warum das so ist. Muss ich das denn immer wissen? Ich tue es spontan aus einem Bauchgefühl heraus." Vor der Ehe war der Professor fasziniert von der intuitiven Weisheit der Tänzerin, während die Tänzerin auf das logische Denkvermögen des Professors stolz war. Nach der Hochzeit treibt das unlogische Verhalten der Tänzerin den Professor allmählich in den Wahnsinn, während die Tänzerin sich fragt, wie sie es mit einem derart vernünftig denkenden Menschen aushalten kann.

Ein Mann sagte zu seiner Frau: „Tina, hör mir doch zu. Die Wände sind nicht schmutzig. Sie brauchen keinen neuen Anstrich. Verstehst du das denn nicht?"

Die Frau erwiderte: „Natürlich verstehe ich das. Aber das Grün gefällt mir nicht mehr."

Dem Professor fällt es schwer, aus einem Bauchgefühl heraus Entscheidungen zu treffen. Für den Tänzer dagegen ist das logische Denken wie ein einengendes Gefängnis.

Diese Unterschiede werden vor der Hochzeit häufig nicht bemerkt und auch nicht angesprochen. In der Phase der Freundschaft oder in der Verlobungszeit werden Entscheidungen oft getroffen, weil sich die beiden Partner gegenseitig eine Freude machen wollen. Nach der Hochzeit, wenn der Ernst des Lebens beginnt, ist dieser Wunsch nicht mehr so stark. Wenn die unterschiedlichen Persönlichkeitstypen stärker hervortreten, will der logisch denkende Partner sein intuitiv handelndes Gegenüber dazu bringen, seinen Standpunkt logisch zu begründen. Aber damit erwartet und fordert er etwas Unmögliches. Der von seiner Intuition geleitete Mensch kann sein Leben nicht auf die gleiche Art verarbeiten wie der Professor.

> Wenn Sie versuchen, sich gegenseitig in die Form Ihres eigenen Persönlichkeitstyps zu pressen, steht Ihnen ein lebenslanger Konflikt bevor.

Wenn Sie versuchen, sich gegenseitig in die Form Ihres eigenen Persönlichkeitstyps zu pressen, steht Ihnen ein lebenslanger Konflikt bevor. Wir müssen erkennen, dass sowohl das logische als auch das intuitive Denken legitime Methoden sind, um im Leben voranzukommen. Wir dürfen den Schwerpunkt nicht auf den Weg legen, auf dem wir zu unseren Schlussfolgerungen kommen, sondern eher auf die Schlussfolgerungen, denen wir beide zustimmen können. Die in Kapitel vier besprochenen Prinzipien, wie man Konflikte löst, ohne zu streiten, können für Paare mit diesen unterschiedlichen Persönlichkeitsstrukturen sehr hilfreich sein.

Der Organisator und der Freigeist

Für den Organisator ist jedes Detail wichtig, während der spontane Mensch, der „Freigeist", denkt: „Die Details kommen schon von selbst." Organisatoren sind gut im Planen. Sie brauchen Monate, um eine Reise vorzubereiten. Sie recherchieren im Internet, um die günstigsten Flugtickets zu ergattern. Sie sorgen dafür, dass der Mietwagen ein Navigationsgerät hat. Sie buchen viele Wochen vor der Reise das Hotelzimmer. Mit der gleichen Sorgfalt finden sie heraus, in welchen Restaurants man essen und was man unternehmen kann. Natürlich sorgen sie auch dafür, dass die richtige Ausrüstung im Gepäck ist.

Der spontane Mensch dagegen wartet bis zum Abend vor der Abreise und sagt dann: „Warum fahren wir nicht an die Küste statt in die Berge? Dort ist das Wetter gerade viel besser." Diese spontane Entscheidung versetzt den Organisator in Panik und der Urlaub wird für ihn zur Tortur.

Vor der Hochzeit war Betty beeindruckt von Toms Organisationstalent. „Was, du überprüfst den Stand deines Online-Kontos jeden Tag? Das ist ja erstaunlich!" Nach der Hochzeit fragte sie ihn jedoch entgeistert: „Was, du willst, dass ich jede Ausgabe aufschreibe? Das ist unmöglich. So was macht doch keiner." Tom zeigte ihr natürlich sofort sein kleines Notizbuch, in dem er jede auch noch so kleine Ausgabe sorgfältig festhielt. Für ihn gehörte so etwas zum ganz normalen Verantwortungsbewusstsein.

Tom ging mit der gleichen Sorgfalt vor, wenn er die Geschirrspülmaschine einräumte. Teller, Schüsseln, Gläser, Besteck – alles war am richtigen Platz. Betty dagegen räumte das Geschirr bestimmt so ein, wie sie die Waschmaschine mit Wäsche füllte. Hauptsache, die Tür ging zu. Der Geschirrspüler sorgte für den Rest. Tom zeigte natürlich anklagend auf die angeschlagenen Teller und zerbrochenen Gläser als Folge *ihres* chaotischen Verhaltens.

In meiner eigenen Ehe habe ich mehrere Jahre gebraucht, bis ich erkannte, dass Karolyn den Geschirrspüler niemals so einräumen würde, wie ich es tat. Sie war einfach nicht der geborene Organisator. Ich hielt ihr Vorträge, warum sie nicht zwei mit Erdnussbutter verschmierte Löffel ins gleiche Fach stellen sollte, da sie dann aneinanderklebten und nicht sauber wurden, aber meine Ermahnungen stießen auf taube Ohren. Ich zahlte viel Lehrgeld für die Erkenntnis, dass es im Leben um mehr geht als um ein paar angeschlagene Teller, zerbrochene Gläser und verschmierte Löffel. Ich musste ihr die Freiheit lassen, ihre eigene Persönlichkeit zu entfalten. Aber dafür überließ sie mir nur zu gern das Einräumen des Geschirrspülers. Wenn ich abends noch schnell zu einer Veranstaltung musste, übernahm sie gerne diese Aufgabe, und ich musste mich mit den Folgen abfinden.

Tom ging auch beim Bezahlen von Rechnungen sehr methodisch vor. Wenn er für ein paar Tage geschäftlich unterwegs war, erwartet er von Betty, dass sie bei seiner Rückkehr alle Rechnungen ordentlich zusammengeheftet auf seinen Schreibtisch legte. Aller Wahrscheinlichkeit nach konnte Betty sich jedoch nicht daran erinnern, ob sie die Post überhaupt ins Haus gebracht hatte. Ihr Mann fand ein paar Rechnungen im Auto, auf dem Fußboden oder sogar unter einem Sofakissen. Er war verblüfft über so viel Leichtsinn. Betty war allerdings genauso verblüfft über Toms Zwanghaftigkeit. Diese unterschiedlichen Wesenszüge können zu hitzigen Auseinandersetzungen führen.

Bereits in der Zeit vor der Hochzeit sind die verschiedenen Persönlichkeitstypen leicht festzustellen, wenn das Paar nach ihnen Ausschau hält. Allerdings passiert das nur in den seltensten Fällen. Wenn der Organisator die Spontaneität seiner Partnerin sieht, dann bewundert er diese Eigenschaft und reagiert positiv auf ihre Einfälle. Die Spontane dagegen ist voller Bewunderung für das Organisationstalent ihres Partners und sie weiß es vielleicht auch zu schätzen. Wenn die beiden jedoch ein bisschen realistischer überlegen und das in dieser Unterschiedlichkeit

> Bereits in der Zeit vor der Hochzeit sind die verschiedenen Persönlichkeitstypen leicht festzustellen, wenn das Paar nach ihnen Ausschau hält.

verborgene Konfliktpotenzial erkennen, können sie darüber sprechen, wie sie nach der Hochzeit mit solchen Konflikten umgehen. Diese Vorsichtsmaßnahme kann sie vor dem Schlimmsten bewahren, wenn ihre unterschiedlichen Persönlichkeitstypen miteinander kollidieren. Die Tatsache, dass Sie sich dieses Potenzial bewusst gemacht haben und über Lösungsmöglichkeiten gesprochen haben, macht es Ihnen viel leichter, solche Lösungen zu finden, wenn es schließlich zu einer unvermeidlichen Auseinandersetzung kommt.

Weil die verschiedenen Persönlichkeitstypen so tief in unserem Wesen verwurzelt sind und unser Verhalten entscheidend prägen, empfehle ich allen Paaren, die ernsthaft ans Heiraten denken, einen Persönlichkeitstest. Das Verständnis über die Persönlichkeit des anderen ist die beste Vorbereitung auf die unvermeidlichen Konflikte in der Ehe. Es gibt eine Vielzahl von Persönlichkeitstests. Sie finden eine Vielzahl von Tests im christlichen Buchhandel, z. B. die „Einfach-typisch"-Bücher oder „Das DISG-Persönlichkeitsprofil". Auch christliche Eheberater oder Seelsorger können Ihnen entsprechende Bücher empfehlen und gegebenenfalls mit Ihnen durcharbeiten. Wenn Sie einen dieser Tests durchführen und gemeinsam als Paar ein solches Buch lesen und diskutieren, finden Sie zu einem tieferen Verständnis für Ihre unterschiedlichen Persönlichkeitstypen mit ihren Stärken und Schwächen. Dann fällt es Ihnen auch leichter, das Verhalten des anderen in einer bestimmten Situation zu verstehen.

GESPRÄCHSSTOFF

 1. Bewerten Sie Ihren eigenen Persönlichkeitstyp auf einer Skala von 1 bis 10, wobei 10 extrem hoch und 1 extrem niedrig bedeutet.

   a. Optimist
   b. Pessimist

   c. Ordnungsfanatiker
   d. Chaot

   e. plätschernder Bach
   f. Totes Meer

   g. Zeigestock
   h. Maler

   i. aktiv
   j. passiv

   k. Professor
   l. Tänzer

   m. Organisator
   n. Freigeist

 2. Bitten Sie Ihren Partner bzw. Ihre Partnerin, die obige Übung ebenfalls zu machen. Dann besprechen Sie miteinander die Antworten. Begründen Sie Ihre jeweilige Bewertung.

 3. Wenn Sie ernsthaft an eine gemeinsame Zukunft denken, sollten Sie gemeinsam ein Buch zum Thema Persönlichkeitsprofil durcharbeiten. Überlegen Sie, ob Sie ein Semi-

nar zu diesem Thema besuchen oder mit einem Eheberater oder Seelsorger darüber sprechen wollen.

Epilog

Mit diesem Buch habe ich Sie teilhaben lassen an dem, was ich vor meiner eigenen Ehe gerne gewusst hätte. Wenn Karolyn und ich die in den vorherigen Kapiteln geschilderten Fragen und Probleme miteinander besprochen hätten, wären die ersten Jahre unserer Ehe um einiges leichter gewesen. Doch da wir nie darüber gesprochen hatten, war unsere Ehe zunächst gebeutelt von Konflikten, Missverständnissen und Enttäuschungen. Ich weiß ganz genau, wie man sich fühlt, wenn man verheiratet, aber unglücklich ist und denkt: „Ich habe die falsche Frau geheiratet." Damals lautete meine Schlussfolgerung: Wenn ich „die Richtige" geheiratet hätte, hätten wir nicht so viele Probleme.

Schließlich fanden wir Antworten auf unsere Enttäuschungen und eine Lösung für unsere Konflikte. Wir lernten, einander auf einfühlsame Weise zuzuhören und Verständnis zu haben für Gefühle und Wünsche. Dann lernten wir auch, für unsere Probleme praktikable Kompromisse zu finden. Seit vielen Jahren führen wir nun eine liebevolle, glückliche und erfüllte Ehe, und wir helfen anderen Paaren, die gleiche Entdeckung zu machen. Es ist mein Wunsch, dass dieses Buch vielen Tausend Paaren zu einer glücklichen Ehe verhilft ohne die jahrelangen Kämpfe und Verletzungen, die wir erleben mussten.

Wenn Sie unverheiratet sind und momentan keinen Freund oder keine Freundin haben, sollten Sie den Inhalt dieses Buches im Hinterkopf behalten, um später darauf zurückgreifen zu können. Sie haben nach der Lektüre eine realistischere Vorstellung darüber, was Sie bedenken sollten, bevor Sie sich entschließen zu heiraten. Wenn sich bei Ihnen plötzlich dieses berühmte „Prickeln" einstellt, hoffe ich, dass Sie mein Buch aus dem Regal nehmen und es Ihnen als Orientierungshilfe für eine gesunde Partnerschaft dient und für eine kluge Entscheidung bei der Frage, ob Sie vor den Traualtar treten sollen oder nicht.

Für diejenigen unter Ihnen, die bereits in einer festen Beziehung leben und die Frage einer Heirat diskutieren, soll dieses Buch ein treuer Begleiter sein, während Sie sich besser kennenlernen. Ich empfehle Ihnen, über die angesprochenen Themen offen und ehrlich zu reden und bei Ihren Entdeckungen realistisch zu bleiben. Wenn das geschieht, dann bin ich mir sicher, dass Sie eine weise Entscheidung treffen werden, ob sie nun zugunsten oder zu ungunsten einer Heirat ausfallen wird.

Wenn Sie bereits offiziell oder inoffiziell verlobt sind, dann hoffe ich, dass Sie sich gründlich mit den von mir zur Sprache gebrachten Themen befassen. Sie sollten das Buch nicht bloß lesen, sondern die am Ende eines jeden Kapitels gestellten Fragen beantworten und auch meine Vorschläge berücksichtigen. Manche von Ihnen kommen vielleicht zu der Erkenntnis, dass Sie es mit Ihrer Verlobung etwas zu eilig gehabt haben und Sie sich nicht gut genug kennen, um diese Entscheidung schon jetzt zu treffen. Wenn das der Fall ist, wünsche ich Ihnen den Mut, ehrlich zueinander zu sein und die Verlobung entweder zu verschieben oder zu lösen, selbst wenn das für alle Betroffenen peinlich werden könnte. Ich kann Ihnen nur versichern, dass eine gelöste Verlobung zwar schmerzhaft ist, aber längst nicht so schmerzlich wie eine Scheidung drei Jahre nach der Hochzeit.

Wenn Sie jedoch zu der Schlussfolgerung kommen, dass Sie genug Gemeinsamkeiten haben, um eine erfolgreiche Ehe aufzubauen, dann werden Sie durch das Gespräch über die in diesem Buch angesprochenen Themen besser darauf vorbereitet, diesen Traum zu verwirklichen. Ich bin der festen Überzeugung, dass Paare nach der Lektüre dieses Buches ihre Ehe mit weitaus realistischeren Erwartungen beginnen.

Vor ein paar Jahren stellte sich bei einer Umfrage heraus, dass 87 Prozent der unverheirateten Erwachsenen im Alter von zwanzig bis dreißig Jahren hofften: „Ich wünsche mir eine einzige Ehe, die ein Leben lang hält."[1] Die Befragten hatten erlebt, wie ihre Eltern sich scheiden ließen, und sie hatten am eigenen Leib den Schmerz des Verlassenseins erfahren. Sie wollten nicht, dass sich dieses Trauma in ihrem Leben wiederholt. Es ist jedoch tragisch, dass viele von ihnen keine Vorstellung davon hatten, wie sie ihre Sehnsucht nach einer lebenslangen, positiven Beziehung zwischen Ehepartnern verwirklichen könnten. Es ist mein Wunsch, dass dieses Buch allen meinen Leserinnen und Lesern diese Vorstellung vermittelt.

Anhang

Tipps für eine gesunde Paarbeziehung

In unserer Gesellschaft geht der Ehe meistens eine Zeit der Freundschaft zwischen den beiden Partnern voraus. Im weitesten Sinne kann man eine solche Freundschaft definieren als einen Zeitraum, in dem ein junger Mann und eine junge Frau Zeit miteinander verbringen, um sich besser kennenzulernen. Es gibt zwei verschiedene Phasen einer Freundschaft. Eine lockere, freundschaftliche Beziehung muss nicht unbedingt von romantischen Gefühlen begleitet sein. Zum Beispiel können sich zwei Musikliebhaber zu einem gemeinsamen Konzertbesuch verabreden und hinterher in einem Restaurant etwas essen gehen. Oder zwei begeisterte Radfahrer treffen sich zu einer Radtour. Wenn diese Treffen ohne romantische Gefühle verlaufen und sich solche Gefühle auch nach längerer Zeit nicht einstellen, dann ist die Beziehung zwischen den beiden rein freundschaftlicher Natur. Diese lockeren Beziehungen sind jedoch oft begleitet von romantischen Gefühlen bei einem der beiden oder sogar bei beiden Partnern. Das Paar kann sich jedoch häufig treffen, ohne sich diese Gefühle einzugestehen. Bei einer lockeren, freundschaftlichen Beziehung geht es hauptsächlich darum, zusammen etwas Schönes zu unternehmen oder gemeinsame Interessen zu pflegen. Normalerweise hat man eine solche Beziehung nicht nur zu einem Partner. Wenn einer der beiden jedoch starke Gefühle für den anderen empfindet, fühlt er sich vielleicht verletzt, wenn derjenige auch mit anderen Partnern etwas unternimmt. Diesen Schmerz wird er jedoch für sich behalten, weil ihre Beziehung unverbindlich ist.

Diese lockeren, freundschaftlichen Beziehungen entwickeln sich meistens in eine von drei Richtungen. Wenn sich bei beiden keine romantischen Gefühle einstellen, kann eine enge Freundschaft entstehen, in deren Mittelpunkt gemeinsame Interessen stehen. Diese von beiden Seiten als angenehm empfundenen Beziehungen können oft viele Jahre andauern.

Bei der zweiten Möglichkeit kann diese lockere Freundschaft auch enden. Vielleicht fühlt sich einer der beiden zum anderen stark hingezogen, während der andere diese Gefühle nicht erwidert. Diese Situation kann zu einem Konflikt und dann zum Ende der Beziehung führen. Wenn jedoch keiner von beiden etwas für den anderen empfindet und sie auch sonst nicht allzu viel verbindet, wird sich die Beziehung irgendwann auseinanderleben.

Es gibt aber noch die dritte Möglichkeit. Obwohl sich die beiden am Anfang nicht stark zueinander hingezogen fühlten, entstehen im Laufe der Zeit von beiden Seiten her starke Gefühle. Beide genießen ihr Zusammensein, und plötzlich verlieben sie sich ineinander. Aus der lockeren Beziehung wird eine feste Freundschaft. Bei solchen festen Freundschaften meinen es beide viel ernster miteinander. Normalerweise konzentrieren sie sich jetzt auf einen einzigen Partner. Wenn einer von ihnen sich dennoch mit anderen Partnern trifft, fühlt sich der andere betrogen. Diesen Schmerz wird derjenige zur Sprache bringen. Das dann folgende Gespräch führt entweder zu einem Bruch zwischen beiden oder zu einer ernsten Beziehung. Über diese dritte Phase der Freundschaft zwischen Mann und Frau möchte ich in diesem Anhang sprechen. Meiner Meinung nach ist eine solche feste Freundschaft die beste Vorbereitung auf eine gesunde Ehe. Damit will ich nicht sagen, dass alle fest befreundeten Paare schließlich vor dem Traualtar landen. Vielmehr ist eine gesunde freundschaftliche Beziehung eine wichtige Entscheidungshilfe bei der Frage: „Heiraten oder nicht heiraten?" Deshalb widmen wir uns jetzt den Faktoren, die eine solche Beziehung charakterisieren.

Freundschaftliche Beziehungen dienen vor allem dazu, sich besser kennenzulernen. Darum geht es eigentlich bei solchen festen Freundschaften. Die menschliche Psyche ist eine komplexe Kombination aus Erbanlagen und Umwelt. Das Äußere eines Menschen ist oft ganz anders als das, was man im Inneren entdeckt. Dieser Prozess des Entdeckens erfordert von beiden Partnern ein hohes Maß an Ehrlichkeit. Im frühen Stadium einer Freundschaft neigen wir dazu, uns von unserer „Schokoladenseite" zu zeigen. Wir wollen beim anderen einen guten Eindruck machen. Aber diese Einstellung ist nicht förderlich für eine gesunde freundschaftliche Beziehung.

Jeder Mensch hat seine eigene, einzigartige Geschichte. Diese Geschichte hat Sie dorthin gebracht, wo Sie heute sind. Wir können einander nicht kennenlernen, wenn wir dem oder der anderen nicht unsere Geschichte erzählen. Das bedeutet aber auch, dass wir unsere Misserfolge genauso wenig verschweigen wie unsere Erfolge.

Ein junger Mann sagte während eines Beratungsgesprächs zu mir: „Ich habe Angst, ihr zu sagen, dass ich mit sechzehn wegen Ladendiebstahl eine Jugendstrafe verbüßen musste. Vielleicht macht sie Schluss mit mir, wenn sie das weiß."

„Wie lange wollen Sie ihr das denn verschweigen?", fragte ich. „Bis Sie verlobt oder verheiratet sind?"

„Das wäre wohl nicht fair", erwiderte er.

Wenn man eine Freundschaft auf einer Täuschung oder einer verschwiegenen Wahrheit aufbaut, sabotiert man die Beziehung. Natürlich sind wir eher dazu bereit, von unseren Erfolgen zu erzählen, denn dadurch stehen wir gut da. Von unseren Misserfolgen dagegen berichten wir nicht so gern, weil uns die Erinnerung daran wehtut. Aber gesunde freundschaftliche Beziehungen haben nur dann Bestand, wenn sie auf Wahrheit aufgebaut werden.

In zwei Bereichen ist es oft äußerst schwierig, bei der Wahrheit zu bleiben, und zwar dann, wenn es um unser sexuelles Vorleben und unsere finanziellen Belange geht. Ich empfehle jedoch Paaren, die fest miteinander befreundet sind, dass sie offen über diese Lebensbereiche sprechen, weil diese Themen in der Ehe häufig die meisten Konflikte verursachen. Wenn wir vor den Traualtar treten, ohne dem anderen ehrlich diese beiden Bestandteile unseres Lebens zu offenbaren, sind wir zu unserem Partner oder unserer Partnerin und zu uns selbst unfair.

Neulich sagte eine junge Frau zu mir: „Mein Freund hat mir erzählt, dass er in den letzten acht Jahren zu drei anderen Frauen sexuelle Beziehungen gehabt hat. Ich muss gestehen, dass ich das nur schwer verdauen kann. Ich versuche immer noch, das alles zu verarbeiten, aber ich bin ihm so dankbar, dass er mir die Wahrheit gesagt hat. Wenn ich das erst nach unserer Verlobung oder nach der Hochzeit erfahren hätte, wäre mir das wie ein Verrat an uns beiden vorgekommen." Sie hatte recht. Ihr Freund war sehr klug, als er ihr die Wahrheit sagte. Man sollte eine Wahrheit nicht verschweigen, weil sie „schwer zu verdauen" ist. Im Leben muss man sich auch mit großen Problemen herumschlagen. Wenn Sie das schon jetzt lernen, sind Sie bestens auf eine gesunde, glückliche Beziehung in der Ehe vorbereitet.

Und wie steht es mit den finanziellen Belangen? Es mag schwierig sein, über finanzielle Dinge zu sprechen, aber auch hier ist Offenheit nötig, vor allem dann, wenn sich eine feste Freundschaft in Richtung Ehe entwickelt. Wenn Sie miteinander darüber sprechen, wie Sie mit Ihrem Geld umgehen, werden Sie bestimmt entdecken, dass Sie unterschiedliche Auffassungen über das Sparen, das Spenden und das Geldausgeben haben. Der Übergang zur Ehe fällt Ihnen viel leichter, wenn Sie diese Unterschiede bereits vor der Hochzeit angesprochen hatten. Einer von Ihnen spendet vielleicht regelmäßig zehn Prozent des Einkommens für gemeinnützige Zwecke, während der andere nur zwei Prozent oder gar nichts spendet. Der unterschiedliche Umgang mit Geld kann zu ernsten Konflikten führen, wenn man über dieses Problem nicht schon vor der Ehe spricht und es zu lösen versucht.

Wenn einer oder beide von Ihnen Schulden haben, sollten Sie das ebenfalls nicht verschweigen. Auch die Höhe Ihrer Ersparnisse ist ein wichtiges Thema. Wenn einer eher zum Sparen und der andere eher zum Geldausgeben neigt, ist Verhandeln angezeigt. Dabei müssen alle Fakten auf den Tisch gelegt werden, und dann sollten Sie eine für beide Seiten akzeptable Lösung finden. Diese Fragen sind natürlich nicht wichtig, solange Sie sich in der Phase der lockeren Freundschaft befinden. Aber sobald Sie eine feste Beziehung haben und schon an eine Heirat denken, sind diese Themen von großer Bedeutung.

Die Zeit der Freundschaft ermöglicht es Ihnen auch, die gruppendynamischen Prozesse in Ihren jeweiligen Familien kennenzulernen. Wie gehen ihre Eltern miteinander um? Und wie sieht es bei seinen Eltern aus? Wie gehen sie miteinander um, und welche Beziehung hat er zu beiden Elternteilen? Sind die Eltern geschieden oder noch verheiratet? Welche Beziehung haben Sie beide momentan zu Ihren Eltern? Sie sollten versuchen, so viel Zeit wie möglich mit der Familie Ihres Freundes bzw. Ihrer Freundin zu verbringen. Wenn Sie heiraten, werden beide Familien für lange Zeit zu einem festen Bestandteil Ihres Lebens.

In einer gesunden Beziehung fördern Sie auch die beruflichen Ziele Ihres Partners oder Ihrer Partnerin, denn schließlich nehmen Ausbildung und Beruf in Ihrem Leben einen großen Raum ein. Zum Beispiel sagt ein junger Mann zu seiner Freundin: „Warum brichst du nicht einfach dein Studium ab und heiratest mich? Ich habe einen guten Job und tolle Karrieremöglichkeiten und als meine Frau brauchst du kein abgeschlossenes Studium." Mit diesem Vorschlag zeigt er, dass er noch nicht bereit ist für eine Ehe, weil er viel zu egoistisch ist. In einer gesunden Beziehung zwischen reifen Partnern machen wir einander Mut und unterstützen uns gegenseitig, damit wir unsere beruflichen Ziele erreichen können.

In einer gesunden Beziehung herrscht auch ein gewisses Gleichgewicht. Um die verschiedenen Aspekte unseres Menschseins zu verdeutlichen, verwenden wir oft Begriffe wie *intellektuell, emotional, sozial, geistlich* und *physisch*. Obwohl diese fünf Kategorien in der Praxis natürlich nicht isoliert betrachtet werden können, weil sie eng miteinander verknüpft sind, ist es in der Zeit der festen Freundschaft hilfreich, den Schwerpunkt auf diese fünf Bereiche zu legen.

Der *intellektuelle* Aspekt bezieht sich auf unsere Gedanken, Wünsche und unsere Wahrnehmungen vom Leben. Wir sprechen häufig von einer intellektuellen Übereinstimmung zwischen zwei Partnern. Hier lautet die Frage: „Können wir über unsere Reaktion auf einen Zeitungsartikel oder eine Fernsehsendung sprechen und uns gegenseitig zum Nachdenken anregen, ohne den anderen zu verurteilen oder miteinander zu streiten?" Wie gehen wir miteinander um, wenn wir wegen unterschiedlicher politischer Auffassungen aneinandergeraten? Wenn wir lernen, einander trotz verschiedener Meinungen zu akzeptieren, beweisen wir damit unsere intellektuelle Übereinstimmung. Wenn ein Mann, der nur selten ein Buch in die Hand nimmt, mit einer begeisterten Leseratte befreundet ist, stellt sich die Frage: Haben die beiden überhaupt eine gemeinsame Basis für eine intellektuelle Übereinstimmung? Wenn jemand in seinem Studium stets die besten Noten hat, kommt er vielleicht schwer klar mit jemandem, der immer gerade so durchkommt. Sind Sie sich intellektuell so nahe, dass Sie Händchen halten können? Sind Ihre Gespräche über intellektuelle Themen für Sie beide anregend oder eher enttäuschend?

Der *emotionale* Aspekt des Lebens bezieht sich auf unsere gefühlsmäßigen Reaktionen auf bestimmte Vorfälle in unserem Leben. Manche Menschen hören die Sirene eines Feuerwehrautos, und schon steht ihnen der Angstschweiß auf der Stirn. Andere wieder fühlen sich extrem unwohl, wenn sie sehen, wie jemand Tränen vergießt. Unsere Gefühle können wir uns nicht aussuchen. Sie sind ein Teil unseres Lebens. Für unseren Reifungsprozess ist es wichtig, dass wir lernen, über diese Gefühle zu sprechen, zu verstehen, woher sie kommen und positiv darauf zu reagieren. In einer gesunden Freundschaft sollten wir lernen, wie wir einander bei der Verarbeitung von Gefühlen helfen können.

Wir Menschen sind auch *soziale*, auf Gemeinschaft hin angelegte Geschöpfe. Deshalb gehört die „Einzelhaft" zu den schlimmsten Formen der Bestrafung. Es gibt jedoch eine große Vielfalt, wenn es darum geht, wie, wann und wo wir mit anderen Menschen zusammen sein wollen. Möglichkeiten des geselligen Beisammenseins bietet unsere Gesellschaft in Hülle und Fülle. Jede Woche verbringen Tausende Zuschauer viel Zeit bei Sportereignissen in großen Stadien, während andere sich in Konzertsälen, Theatern und Kirchen versammeln. Es handelt sich bei allen diesen Veranstaltungen um gesellschaftliche Ereignisse, aber nicht immer nehmen dieselben Leute daran teil. Wo liegen Ihre gesellschaftlichen Interessen? Und wie steht es mit den Interessen Ihres Freundes oder Ihrer Freundin? Eine junge Frau sagte zu mir: „Ich kann es wirklich nicht verstehen, warum er an Sonntagen den ganzen Tag auf einer Tribüne sitzen und zusehen kann, wie Autos im Kreis herumfahren. Wenn so etwas für ihn ein gesellschaftliches Ereignis ist, dann weiß ich nicht, ob wir überhaupt auf demselben Planeten leben." Es ist gut, dass diese junge Frau diese Entdeckung in der Phase der festen Freundschaft machte und nicht erst nach der Hochzeit.

Dann gibt es auch noch den *geistlichen* Aspekt des Lebens. Ich habe bereits erwähnt, dass ich unter anderem auch Anthropologie, also die Wissenschaft der menschlichen Kulturen, studiert habe. Es gibt in der Welt keine Kultur ohne den Glauben an eine unsichtbare Welt. Der Mensch scheint von Natur aus ein glaubendes Wesen zu sein. Deshalb sollten Sie sich fragen: Wie steht es mit Ihren religiösen Vorstellungen, und welche Auffassung hat Ihr Partner oder Ihre Partnerin von der unsichtbaren Welt? Wie ausführlich haben Sie über diesen Lebensbereich gesprochen? Weil religiöse Auffassungen häufig unser ganzes Leben prägen, sind sie so außerordentlich wichtig. Eine Frau sagte einmal zu mir: „Ich weiß nicht, ob wir befreundet bleiben sollen. Ich interessiere mich für Esoterik, und mein Freund ist Christ. Jedes Mal, wenn wir über Glauben reden, kommt es zu einem Streit. Ich mag ihn sehr gern, und ich genieße unser Zusammensein. Aber ich glaube nicht, dass unsere Beziehung diese Unterschiede in unserer religiösen Auffassung verkraften kann." Sie war reif genug, sich dieser Tatsache zu stellen, und dafür verdient sie ein Lob.

Die fünfte Dimension unseres Menschseins besteht darin, dass wir *physische* Geschöpfe sind. Unser Körper ist der greifbarste und sichtbarste Teil unseres Wesens. Der erste Auslöser für unsere Beziehung zum anderen Geschlecht ist oft die körperliche Anziehung. Wir fühlen uns im wahrsten Sinne des Wortes zueinander hingezogen. Körperkontakt gehört zu fast jeder festen Freundschaft zwischen Mann und Frau. Allerdings gibt es die unterschiedlichsten Auffassungen darüber, welche Art von Körperkontakt in einer Freundschaft angemessen ist. In einer gesunden Beziehung sollten wir unsere persönlichen Grenzen respektieren. Wenn wir unseren Freund oder unsere Freundin dazu zwingen, diese Grenzen zu überschreiten, ist das kein Akt der Liebe, sondern wir fügen unserer Beziehung einen Schaden zu.

In unserer modernen Gesellschaft mit ihrer fehlgeleiteten Überbetonung der Sexualität wird vielen Paaren eine ausgewogene Beziehung schwer gemacht. Das heutige Phänomen des „Aufreißens", bei dem Paare schon bei der ersten Verabredung Geschlechtsverkehr haben und die Beziehung um das gemeinsame sexuelle Erlebnis kreist, hat mit einer Freundschaft oder einer Beziehung rein gar nichts zu tun. Oft sind diese Begegnungen eine Ursache oder Folge von Sexsucht und deshalb keine Grundlage, auf der eine Ehe aufgebaut werden kann.

Die Ausgewogenheit zwischen den intellektuellen, emotionalen, sozialen, geistlichen und physischen Aspekten des Lebens gehört zu den Merkmalen einer gesunden Beziehung zwischen Mann und Frau. Wenn Sie in einer festen Paarbeziehung leben, empfehle ich Ihnen die praktischen Übungen am Ende dieses Anhangs. Sie können Ihnen als Anregung dienen, wie sich Ihre Freundschaft zu einer gesunden Beziehung entwickeln kann.

GESPRÄCHSSTOFF

 1. Weil es in einer festen Freundschaft äußerst wichtig ist, sich gegenseitig kennenzulernen, sollen Ihnen die folgenden Fragen als Gesprächsimpulse dienen:
* Über welche persönlichen Erfolge haben wir miteinander gesprochen?
* Welche persönlichen Niederlagen haben wir uns gegenseitig eingestanden? Worüber sollten wir noch sprechen?
* Was haben wir uns von unseren früheren sexuellen Erfahrungen erzählt?
* Was wissen wir über unsere jeweilige finanzielle Vorgeschichte?

 2. Weil Ihre Familie einen großen Einfluss auf Sie beide hat, sollen Ihnen die folgenden Fragen helfen, Ihre familiären Beziehungen besser zu verstehen:
* Wie würden Sie die Ehe Ihrer Eltern beschreiben?
* Was war Ihrer Meinung nach die Philosophie Ihrer Eltern, wenn es um Kindererziehung ging? In welchen Punkten stimmen sie mit der Erziehungsmethode Ihrer Eltern überein? In welchen Punkten sind Sie anderer Meinung?
* Welche Beziehung haben Sie momentan zu Ihrem Vater?
* Wie ist heute das Verhältnis zu Ihrer Mutter?
* Wenn Sie Heiratspläne haben: Worin wünschen Sie sich, dass Ihre Ehe sich von der Ihrer Eltern unterscheidet?

 3. Weil Erfolge in Ausbildung und Beruf wichtige Bestandteile unseres Lebens sind, sollen Ihnen die folgenden Fragen als Anregung für eine Auseinandersetzung mit diesem Thema dienen:
* Welche Ziele in Bezug auf Aus- oder Weiterbildung haben Sie sich für die nächsten fünf Jahre gesetzt?

- Welche beruflichen Ziele haben Sie momentan, vor allem im Hinblick auf Ihre persönlichen Interessen?
- Ist Ihre Paarbeziehung eine Bereicherung oder eine Belastung beim Erreichen dieser Ziele? Wie sieht das konkret aus?
- Meinen Sie, dass Ihr Freund/Ihre Freundin Ihre Ziele anerkennt und unterstützt?

 4. Weil in einer gesunden Paarbeziehung ein gewisses Gleichgewicht herrscht, sollen Ihnen die folgenden Fragen beim Aufdecken von Defiziten auf diesem Gebiet helfen:

A. Intellektuell

1. Haben Sie sich die Zeit für einen Vergleich Ihrer Schulzeit genommen? War was positiv, war was negativ für Sie?
2. Haben Sie beim gemeinsamen Lesen eines Zeitschriften- oder Onlineartikels über Ihre Meinung zum Inhalt diskutiert?
3. Welche Fernsehsendungen sehen Sie regelmäßig? Wie oft sprechen Sie über Ihre Reaktionen auf die jeweilige Sendung?
4. Wie reagiert Ihr Freund/Ihre Freundin, wenn Sie über politische Themen sprechen?
5. Fühlen Sie sich frei, bei Meinungsverschiedenheiten Ihre Sichtweise darzulegen? Wie reagieren Sie, wenn Ihr Freund/Ihre Freundin eine andere Meinung äußert?
6. Haben Sie gelernt, anderer Meinung zu sein, ohne zu streiten?

B. Emotional

1. Welche Gefühle hatten Sie im Laufe dieses Tages? Was hat diese Gefühle ausgelöst?
2. Wie oft und in welcher Form sprechen Sie miteinander über Ihre Gefühle?
3. Wenn Sie über Gefühle sprechen: Wie reagiert Ihr Freund/Ihre Freundin darauf? Welche Verbesserungen wünschen Sie sich in diesem Bereich Ihrer Beziehung?

C. Sozial

1. An welchen gesellschaftlichen Ereignissen haben Sie im letzten Monat gemeinsam teilgenommen? Sprechen Sie miteinander über Ihre Freude oder Enttäuschung bei den jeweiligen Ereignissen.
2. Welche Sportveranstaltungen besuchen Sie? Welche Sportereignisse sehen Sie sich gerne im Fernsehen an?
3. Haben Sie beide Interesse an Musikveranstaltungen? Haben Sie schon darüber gesprochen, welchen Einfluss dieses gemeinsame Interesse auf Ihre Beziehung hat?
4. Wie viele Filme haben Sie sich in den letzten sechs Wochen gemeinsam angesehen? Haben Sie hinterher über den Inhalt gesprochen?
5. Wenn Sie an gesellschaftlichen Ereignissen teilnehmen, bei denen Sie mit anderen Leuten sprechen müssen: Was stört Sie am meisten am Verhalten Ihres Freundes/Ihrer Freundin?
6. Welche Verbesserungen wünschen Sie sich in diesem Bereich Ihrer Beziehung?

D. Geistlich

1. Haben Sie schon miteinander über Ihren jeweiligen religiösen Hintergrund gesprochen?
2. Wenn Sie in einem religiösen Elternhaus aufgewachsen sind: Haben Sie den Glauben Ihrer Kindheit angenommen? Oder lehnen Sie ihn ab? Oder sind Sie sich noch immer nicht sicher, was Sie glauben sollen? Welches Gottesbild haben Sie?
3. Wenn Sie sich gemeinsame Kinder wünschen: Wollen Sie, dass Ihre Kinder mit einem bestimmten Glauben aufwachsen?
4. Welche Veränderungen wünschen Sie sich in diesem Bereich Ihrer Beziehung?

E. Physisch

1. Welche Formen von Zärtlichkeit geben Ihnen das Gefühl, geliebt zu werden?

2. Haben Sie miteinander darüber gesprochen, welche Formen von Zärtlichkeit Sie als anstößig empfinden?

3. Inwieweit fühlen Sie sich gezwungen, solche nach Ihrem Empfinden anstößige Zärtlichkeiten über sich ergehen zu lassen?

4. Welche Veränderungen wünschen Sie sich in diesem Bereich Ihrer Beziehung?

Literaturnachweis

Kapitel 1
Verliebtheit allein genügt nicht für eine gute Ehe
[1] Dorothy Tennov, *Love and Limerence* (New York: Stein and Day, 1972), S. 142.

Kapitel 3
„Der Apfel fällt nicht weit vom Stamm" ist kein Gerücht
[1] James Garbarino, *Lost Boys: Why Our Sons Turn Violent and How We Can Save Them* (New York: Free Press, 1999), S. 50.
[2] Theodore Jacob & Sheri Johnson, „Parenting Influences on the Development of Alcohol Abuse and Dependence", *Alcohol Health and Research World*, Bd. 21, Nr. 3 (1997), S. 204–209.

Kapitel 5
Sich entschuldigen ist ein Zeichen von Stärke
[1] Johannes 1,8-9
[2] Gary Chapman & Jennifer Thomas, *Die fünf Sprachen des Verzeihens: Die Kunst, wieder zueinander zu finden* (Marburg: Verlag der Francke-Buchhandlung GmbH, 2007).

Kapitel 6
Vergebung ist kein Gefühl
[1] Psalm 103,12

Kapitel 8
Der Umgang mit Geld will geplant sein
[1] Apostelgeschichte 20,35

Kapitel 9
Gemeinsame sexuelle Erfüllung kommt nicht automatisch
[1] 5. Mose 24,5
[2] S. William G. Axinn & Arland Thorton, „The Relationship Between Cohabitation and Divorce: Selectivity or casual influence?" *Demogra-*

phy 29 (1992), S. 357–74; und Zheng Wu, „Premarital Cohabitation and Postmarital Cohabitation Union Formation", *Journal of Family Issues* 16 (1995), S. 212–32.

Kapitel 10
Man heiratet nicht nur einen Menschen, sondern seine ganze Familie
[1] Psalm 133,1

Kapitel 11
Glauben ist nicht gleich Gottesdienstbesuch
[1] 2. Korinther 6,14-16
[2] 1. Mose 1,1
[3] 1. Mose 1,27
[4] Hebräer 1,1-3

Epilog
[1] Kim McAlister, „The X-Generation", HR Magazine 39 (Mai 1994), S. 21.